# Ziel des Buches



Brotlose Kunst oder absolutes Traum-Business? Die Geister scheiden sich, wenn es darum geht, was ein Coaching-Business denn nun ist. Fakt ist: Coaching liegt im Trend. Wenn es auch keine offiziellen Zahlen gibt, weil der Begriff 'Coach' nicht geschützt ist: Über 130.000 Coaches sind alleine auf XING-Coaches angemeldet.

Da liegen für dich als Coach die Fragen nahe: Wie schaffe ich es, aus der Masse der Coaches hervorzustechen? Wie schaffe ich es, bekannt oder sichtbar zu werden, um dauerhaft und zuverlässig neue Coaching-Kunden zu gewinnen, die nicht nur einmalig eine Coaching-Stunde bei mir buchen, sondern den Preis zahlen, den mein Coaching wert ist?

In diesem Ratgeber erfährst du, was Coaches, die von ihrem Business gut, sehr gut oder sogar hervorragend leben, die arbeiten, von wo sie wollen und sich ihre Zeit frei einteilen, anders machen als solche ohne ausreichend Kunden: Sie setzen auf Online-Marketing.

Wenn du die wichtigsten Methoden des Online Marketing beherrschst, wirst du dir nie wieder darüber Gedanken machen müssen, wo dein nächster Coaching-Kunde herkommt. Du kannst dein Coaching zu dem Preis verkaufen, das es wirklich wert ist und weggehen von Einzelstunden oder Mini-Paketen. Du bist sichtbar, und du steigerst kontinuierlich deine Bekanntheit, was dir immer mehr Expertenstatus und Glaubwürdigkeit bringt. Was ebenfalls zu neuen Kunden führt. Du kannst dir aussuchen, von wo und wie du mit deinen Coaching-Kunden zusammenarbeitest. Denn ein profitables Coaching-Business, das du mit Online-Marketing aufbaust, ist nicht weniger als ein absolutes Traum-Business.

Die Fähigkeit über Online-Marketing immer wieder neue Bewerbungen für Erstgespräche bei dir zu erwirken, um dein 1:1 Coaching oder alternativ direkt per Link deine Workshops, Seminare, Gruppen-Coachings oder sogar Online-Kurse zu füllen, ist das, was dein Coaching-Business zu einem profitablen Coaching-Business macht. Die Möglichkeiten dazu sind riesig.

Über 400 Coaches habe ich mittlerweile dabei geholfen, mehr Bekanntheit und Kunden zu gewinnen. Einige davon gehören heute zu den bestbezahlten Coaches in Deutschland. Über meine Online-Marketing-Methoden wurde bereits in der Impulse, in der Wirtschaftswoche und im Fachmagazin Training aktuell berichtet.

Ich stelle dir mein Wissen in diesem Ratgeber zur Verfügung, weil du als Coach einen enorm wichtigen Beitrag in unserer Gesellschaft leistest. Coaching war das einzige, was mir aus meiner Lebens-, Karriere- und Sinnkrise vor einigen Jahren heraus half. Ohne die Unterstützung meiner Coaches wäre ich heute nicht da, wo ich bin. In meinem selbstbestimmten, freien und ortsunabhängigen Traumleben.

Lass uns gemeinsam Coaching vom 'Nice-to-have' zum 'Must-Have' machen. Raus aus dem Image, dass ein Coaching notwendig ist, "wenn was mit jemandem nicht stimmt", hin zur Akzeptanz, dass jeder mit Coaching sein Ziel leichter und einfacher erreicht.

# Links und Ressourcen

Zusätzlich zu den von mir und vielen meiner Kunden überprüften Methoden und Instrumente, kannst du dir meinen **Online-Marketing-Starterplan** herunterladen. Der Online-Marketing-Starterplan zeigt dir auf einen Blick, welche Instrumente und Methoden für dich als Coach online Sinn machen.

Du siehst, wie dein **Weg ins Online-Marketing** aussieht, wie du startest und was du täglich, wöchentlich und monatlich tust, um online neue Kunden zu gewinnen.

Hier kannst du dir dein persönliches, kostenloses Exemplar des **Online-Marketing-Starterplans** sichern, der mich und meine Kunden täglich begleitet:

**www.coaching-business-mastery.de/starterplan**

Häng dir diesen Online-Marketing-Starterplan gut sichtbar an deinen Schreibtisch, damit du künftig immer weißt, was du online tust, um sichtbarer und bekannter zu werden, deinen Expertenstatus aufzubauen und immer wieder Anfragen für Erstgespräche zu erhalten, in denen du deine Coachings verkaufst.

Darüber hinaus erhältst du meinen kostenlosen **7-tägigen E-Mail-Kurs für dein profitables Coaching-Business**, bei dem ich dir die wichtigsten Voraussetzungen zeige, um so schnell wie möglich gut, sehr gut oder gerne auch hervorragend von deinem Coaching-Business zu leben.

Der 7-tägige E-Mail-Kurs für dein profitables Coaching-Business ist so aufgebaut, dass er mit minimalem täglichen Aufwand umsetzbar ist. Gemeinsam mit dem Online-Marketing-Starterplan nimmst du so die erste Abkürzung zu deinem Ziel.

Halte die Kamera-App deines Smartphones einfach über diesen QR-Code und du gelangst direkt zum **Online-Marketing-Starterplan**.

# Einleitung

Eine meiner Kundinnen erzählte mir jüngst eine Geschichte, die ich kaum glauben konnte. Sie hatte eine Coaching-Ausbildung gemacht, in der man ihr sagte, wie toll Coaching ist und was man als Coach damit bei anderen bewirken kann. Im gleichen Atemzug waren die Ausbilder aber felsenfest davon überzeugt, dass es nicht möglich sei, von einem Coaching-Business zu leben.

Diese Annahme, dass Coaching eine brotlose Kunst ist und Coaches eher durch Training oder Beratung Geld verdienen als durch das Coaching, ist weithin verbreitet.

Anstatt dieser Annahme nun vehement und mit vielen Worten zu widersprechen, lasse ich einfach einige Erfolgsbeispiele für sich sprechen:

Bianka Maria Seidl ist Life Coach, Chitektin und spiritueller Business Coach und coacht Frauen über 40, um sie in ihre ganze Kraft und wahre Größe zu führen. Sie hat vor einigen Jahren damit begonnen, sich mit Online Marketing auseinander zu setzen und sich zunächst einen E-Mail-Verteiler aufgebaut und kleinere Online-Kurse wie 'Ins Reine kommen mit dir selbst', 'Das innere Kind heilen' und 'Der Ahnenfrieden' entwickelt.

Der Verkauf der Online-Kurse lief zunächst zwar schleppend, der Aufbau ihres eigenen E-Mail-Verteilers erwies sich jedoch als absoluter Erfolgsfaktor. Denn in meinem Coaching Business Mastery Programm entwickelte sie ein deutlich vierstelliges Premium-Paket (Halbjahres-Coaching), das sie auf Anhieb an vier Abonnenten aus ihrem E-Mail-Verteiler verkaufte und seither in schöner Regelmäßigkeit immer wieder Kundinnen dafür gewinnt. Mit diesem Premium-Coaching ergänzt sie ihre weiteren Dienstleistungen wie die Aufstellungsarbeit, Space Clearing und Seminarreisen.

Mit diesem 'Kunden-Polster' im Rücken arbeitet sie kontinuierlich am Ausbau ihres Expertenstatus über die sozialen Medien, ihren Blog und Gastbeiträge sowie Interviews. Immer mit dem Ziel, ihren E-Mail-Verteiler weiter zu füllen, um die Gewissheit zu haben, weitere Kundinnen für ihr Coaching zu gewinnen. Doch nicht nur der

E-Mail-Verteiler bringt ihr Bewerbungen für Erstgespräche, sondern auch die regelmäßigen Webinare, in denen sie ihr Coaching, bzw. das Ergebnis, das sie damit liefert, vorstellt. (**https://www.biankaseidl.de/**)

Ein weiteres Beispiel ist Coach für Persönlichkeitsentwicklung Petra Paegelow. Sie führt Unternehmer und Selbstständige zu mehr Freiheit, Wohlstand und Erfolg. Sie hat sich im Coaching Business Mastery Programm eine Facebook-Gruppe aufgebaut und zunächst über die direkte Kontaktaufnahme Erstgespräche daraus generiert. Mittlerweile veranstaltet sie regelmäßig 5-tägige Online-Challenges, aus denen sie Anfragen für Erstgespräche gewinnt. Sie verkauft darin Coaching-Pakete zwischen 2.450 und 4.500 Euro. (**https://petrapaegelow.de/**)

Es gibt noch viele weitere solcher Beispiele profitabler Coaches. Dennoch zum Abschluss noch mein eigenes Beispiel. Über meinen E-Mail-Verteiler, Webinare, Online-Challenges und Online-Konferenzen habe ich es bisher geschafft, jährlich bis zu 100 Bewerbungen für Erstgespräche zu bewirken. Bei einem Paketpreis von durchschnittlich 5.000 Euro und einer Abschlussquote von 30 bis 40 Prozent, macht das ein hübsches Business für eine Mama mit zwei Kids im Grundschul- und Kita-Alter. Mittlerweile arbeite ich fast ausschließlich in Online-Gruppen-Coaching-Programmen mit meinen Kunden. Nach oben hin wäre da noch einiges möglich, wofür ich dann allerdings meine freien Nachmittage opfern müsste, die ich mit meinen Kindern genieße.

Meine Kunden und ich selbst sind der Beweis: Ein profitables Coaching-Business aufzubauen, ist mehr als möglich. Die Zeiten dafür waren niemals günstiger. Denn nie war es einfacher über das Internet und die sozialen Medien genau die Menschen zu erreichen, die perfekt zu deinem Business passen und mit denen es dir Spaß macht, zusammenzuarbeiten.

Als Belohnung winkt dann ein absolutes Traum-Business, das du ortsunabhängig betreiben kannst, wenn du das willst und in das du so viel Zeit stecken kannst, wie es gerade zu deiner aktuellen Lebenssituation passt.

Online-Marketing ist der Schlüssel dazu. Also verpass die Chance nicht, die dir die neuen und sozialen Medien aktuell bieten, um das zu tun, was du von Herzen willst.

Viel Erfolg beim Coachen

Deine
Sonja

P. S. Wenn du wissen willst, wie ich dir im Coaching Business Mastery Programm helfe, ein profitables Coaching Business aufzubauen, lade ich dich zu einer kostenlosen Business Breakthrough Session ein.

In dieser Session

- erarbeiten wir deine kristallklare Vision für deinen ultimativen Business-Erfolg und deinen idealen Lifestyle und legen deine Ziele fest
- decken wir deine versteckten Herausforderungen auf, die dich davon abhalten, dein Business online wachsen zu lassen
- geben wir deiner Motivation einen gehörigen Schub, um dein Business bekannter zu machen und online (und offline) kontinuierlich neue Kunden zu gewinnen und
- klären wir, ob und wie mein Team und ich dir mit dem Coaching Business Mastery Programm dabei helfen können

Melde dich am besten gleich zu dieser kostenlosen Session, bevor es in der Hektik des Alltags untergeht. **www.coaching-business-mastery.de/session**

P. P. S. Ich habe versucht, so gut wie möglich überall sowohl die männliche als auch die weibliche Form von Interessenten/innen, Kunden/innen etc. anzusprechen. Ich bitte um Verständnis, sollte ich das an der ein oder anderen Stelle mal übersehen haben.

# Kapitel 1 - Warum Online Marketing?

Der Coaching Markt boomt. Schaut man sich die Zahl der Nutzer von XING Coaches an, gibt es allein in Deutschland über 120.000 Coaches. Dieser Coaching-Trend ist nicht zuletzt der Tatsache geschuldet, dass es durch die Online Medien leichter geworden ist, Kunden/-innen zu akquirieren.

Nun scheiden sich die Geister, ob das Coaching-Business immer noch brotlose Kunst oder doch die Millionen-versprechende Chance ist.

Fakt ist: Es war nie einfacher, Kunden und Kundinnen für dein Coaching-Business zu gewinnen. Durch die vielfältigen Möglichkeiten des Online Marketings bist du - sofern du auch fernmündlich (also online oder telefonisch) coachst - nicht mehr auf dein Einzugsgebiet, deine Region oder die örtliche Flexibilität deiner Zielkunden und Zielkundinnen beschränkt. Du kannst quasi von zu Hause aus die ganze Welt - aber vor allem deine Traumkunden und Traumkundinnen - erreichen.

Ohne Online Marketing, Internet und die sozialen Medien wäre mein heutiges Business erst gar nicht möglich gewesen. Nach 14 Jahren als Marketing- und Vertriebs-Expertin in der Automobil- und Motorsport-Industrie, an Rennstrecken auf der ganzen Welt und im Einsatz für Formel 1 Rennfahrer und Organisation, rutschte ich nach der Familiengründung in den typischen Kind-Karriere-Knick.

Zur mangelnden Flexibilität und Reisebereitschaft wegen der Familie kam der Überdruss nach so vielen Jahren schon wieder die Wochenenden an der Rennstrecke zu verbringen. Ich suchte nach Alternativen. Nach einem Business in dem ich sowohl meine Stärken und Fähigkeiten in Kundengewinnung, Expertenstatus-Aufbau, Vermarktung und PR einbringen und zeitgleich wachsen konnte. Nach einem Business, dessen Wachstum nicht von meinem zeitlichen Einsatz abhängen würde.

Ich fand was ich suchte im Coaching-Business. Heute coache ich hauptsächlich online und bin damit völlig ortsunabhängig (auch wenn ich aufgrund der schulpflichtigen Kinder meistens im Home Office sitze). Ich arbeite vor allem in Online-Gruppen-Coachings und mit betreuten Online-Trainings. Ein sechsstelliges Business mit zwei Kindern.

All das wäre ohne die Möglichkeiten von Online-Marketing, Internet und sozialen Medien nicht möglich gewesen. Denn klassisches Networking war mit Kind daheim und Mann unterwegs einfach nicht machbar.

Die Vorteile des Online-Marketing liegen also klar auf der Hand:

- Über deinen Computer kannst du nahezu die ganze Welt erreichen
- Die Tools und Techniken, die du dazu brauchst, sind einfach zu erlernen - für ein effektives Online Marketing musst du heute kein Programmierer oder IT-Profi mehr sein.
- Das Internet und die sozialen Medien ermöglichen es dir, dein eigenes Medium zu sein. Vorbei die Zeit, in der Journalisten/-innen oder andere Gatekeeper die Tür zur Öffentlichkeit zugehalten haben.
- Die Resonanz deiner Zielgruppe ist direkt messbar. Du kannst deine Zielgruppe kennenlernen ohne viel Geld in Marktforschung zu investieren.

Selbstverständlich hat Online Marketing auch ein paar Nachteile. Du wirst dich in diese Disziplin einarbeiten müssen, darfst üben, klare Botschaften zu formulieren und auszusenden, weil online die Aufmerksamkeitsspanne deiner Zielkunden und Zielkundinnen kürzer ist als wenn du sie im persönlichen Gespräch hättest. Du darfst also lernen, wie du auf den Punkt bringst, was du bietest und den Schmerzpunkt deiner Zielkunden und Zielkundinnen ansprichst. Zudem ist Online-Marketing - trotz des ganzen Hypes da draußen - keine neue Disziplin mehr und du darfst dir überlegen, wie du aus der Masse deiner Wettbewerber und Wettbewerberinnen hervorstechen kannst.

Genau dabei wird dir dieses Buch helfen. Es ist speziell für dich als Coach und behandelt somit auch nur die Online-Marketing-Methoden und Instrumente, die für dich als Coach sinnvoll und zielführend sind.

Die Auswahl der Methoden und Instrumente fußt dabei auf meiner Arbeit mit über 400 Coaches im deutschsprachigen Raum, denen ich im Coaching Business Mastery Programm gezeigt habe, wie sie sich ein profitables Coaching-Business aufbauen. Einige davon gehören heute zu den bestbezahlten Coaches in Deutschland.

Jede/-r Coach muss heute online vertreten sein. Das ist wohl eine Aussage, die einfach jeder unterschreiben würde. Es reicht jedoch nicht mehr aus, einfach eine 'Visitenkarte im Netz' zu haben, vor allem in der Coaching-Branche nicht. Denn nach 'Coaching' wird selten gesucht und die erfolgreiche Kundengewinnung für Coaches setzt einen Vertrauensaufbau voraus, der in den meisten Fällen nicht mit dem zweiminütigen Besuch der Website abgeschlossen ist.

Coaches brauchen für die erfolgreiche Kundengewinnung also mehr als ein bisschen SEO (Search Engine Optimization) und eine gut aussehende Website.

# Kapitel 2 - Startpunkt: Die eigene Website und was drauf muss

Eine der häufigsten Fragen, die mir in meinem Business mit Coaches in allen Nischen gestellt wird ist: "Wie fange ich mit Online Marketing und der Gewinnung von Kunden und Kundinnen online an? Was ist der erste Schritt?"

Die Antwort ist simpel. Der Startpunkt ist immer die eigene Website und der vom Start weg strategischen Aufbau dieser Website. Damit sie eben nicht nur 'Visitenkarte im Netz' ist nach dem Motto 'hoffentlich findet man mich', sondern eben auch Kunden und Kundinnen gewinnt.

Deine Website ist der Ort, an dem du deinen Zielkunden und Zielkundinnen zeigst, was du bietest und wofür du stehst. Was für deine Website wichtig ist, was drauf gehört und was du besser weg lässt, erfährst du in diesem Kapitel.

# Das Hauptziel deiner Website

Das Hauptziel deiner Website ist es, eine Verbindung mit deinen Zielkunden/-innen aufzubauen, um letztlich die Kontaktdaten deiner Interessenten/-innen einzusammeln. Sie ist also der Ausgangspunkt, um deinen E-Mail-Verteiler wachsen zu lassen, also die Liste derer, die gerne regelmäßig von dir, deinen Themen und deinen Coaching-Angeboten hören wollen.

Zum Thema Lead-Generierung kommen wir in den nächsten Kapiteln noch, hier schaffen wir jetzt erst mal die Voraussetzungen auf deiner Website.

Dennoch kurz dazu, warum du diese E-Mail-Adressen - sprich Leads - brauchst: Coaching verkaufst du nicht, indem du dein Angebot auf deine Website schreibst. Das würde in dieser Form nur jemand buchen, der dich bereits durch andere Kanäle sehr gut kennt. Denn Coaching zu verkaufen ist immer eine Vertrauenssache. Wenn du die E-Mail-Adresse deiner Zielkunden/-innen hast, kannst du dieses Vertrauen jedoch mit der Zeit aufbauen und somit nach und nach neue Kunden/-innen gewinnen.

# Unterziele deiner Website

## Verbindung aufbauen

Um dieses Hauptziel zu erreichen und die Kontaktdaten deiner Zielkunden/-innen einzusammeln, darf deine Website im ersten Schritt eine emotionale und intellektuelle Verbindung zwischen deinen Zielkunden/-innen und dir als Unternehmer/-in und Coach herstellen. Das heißt, dass deine Zielkunden/-innen sofort sehen sollten, dass sie bei dir richtig sind.

## In Suchmaschinen gefunden werden

Dieses Hauptziel zu erreichen, gelingt dir umso besser, wenn deine Website für Suchmaschinen optimiert ist und du so deinen Zielkunden/-innen die Gelegenheit gibst, dich zu deinen Themen und Schwerpunkten auf Google, Bing oder Yahoo zu finden.

## Deinen Expertenstatus untermauern

Deine Website sollte immer auch zeigen, dass du als Coach Experte oder Expertin in deiner Nische bist. Ein Coaching-Business ist immer auch ein Experten-Business, denn Menschen wollen mit Menschen zusammenarbeiten, die wissen, wovon sie sprechen.

## Deine Homebase für alle Aktivitäten in den sozialen Medien

Viele Coaches sind mittlerweile sehr aktiv in den sozialen Medien, bauen dort Communities mit Menschen aus ihrer Zielkundschaft auf und machen sich somit abhängig von jeglichen oftmals unerwarteten Änderungen in den sozialen Plattformen. Die sozialen Medien sind eine hervorragende Möglichkeit, um mit wenig Budget sichtbar zu werden und viele Menschen zu erreichen, ohne auch nur das Haus verlassen zu müssen. Dennoch sollte die Zielsetzung deiner Social Media Aktivitäten immer die Rückverlinkung auf deine Website sein.
Denn dort kannst du die Kontaktdaten einsammeln, zeigen, wofür du stehst und was du bietest. Du bist damit unabhängig davon, ob Facebook, Instagram oder Pinterest mal wieder ihre Regeln ändern.

---

# Die eine Sache, die deine Website auf jeden Fall erreichen sollte

Ganz klar: Die Kontaktdaten deiner Website-Besucher/-innen, also Zielkunden und Zielkundinnen, einzusammeln.

Wenn sie das nicht schafft, hast du die Möglichkeit verpasst, eine vertrauensvolle Beziehung zu deinen Website-Besuchern aufzubauen. Denn: Eine solch persönliche Dienstleistung wie ein Coaching kaufen nur sehr wenige Menschen gleich beim ersten Besuch einer Website. Es braucht Zeit, um das nötige Vertrauen aufzubauen, damit deine Zielkunden/-innen bei dir kaufen.

Hast du die E-Mail-Adresse jedoch in deiner Liste, ist genau das möglich. Mit wertvollen weiteren Inhalten, wie Blogbeiträgen, Videos, Podcasts oder Webinaren baust du Vertrauen auf und machst Interessenten zu Käufern.

Das geht in den meisten Fällen nicht über Nacht. Erfolg über Nacht ist - gerade im Coaching-Business - ein Ammenmärchen. Jedes seriöse Unternehmen hat seine Zeit gebraucht, um zu wachsen und erfolgreich zu werden! Konzentriere dich also auf eine langfristige Beziehung, anstatt sofort den Abschluss machen zu wollen!

---

# Was muss auf deine Coaching-Website?

Wir Menschen sind allesamt kleine Egoisten. Egal was wir tun: Wir fragen uns immer zuerst, was für uns selbst drin ist. Genauso geht es auch deinen Website-Besuchern. Ihre Intention ist nicht, sich ellenlange Berichte darüber durchzulesen, was Coaching ist oder wie sich Coaching von der Beratung unterscheidet.

Für deine Zielkunden und Zielkundinnen ist nur wichtig zu erfahren, ob sie bei dir richtig sind und ob du in der Lage bist, sie zu verstehen und ihre Herausforderung zu lösen.

## Deine Startseite

Daher ist es wichtig auf deiner Startseite die vier wichtigen Fragen zu beantworten, die sich deine Zielkunden stellen:

- Bin ich hier richtig?
- Gibt es auf dieser Website eine Lösung für mein Problem? Was ist für mich drin?
- Kann ich dem Anbieter vertrauen?
- Was soll ich als nächstes tun?

Auf deiner Startseite steht daher auf jeden Fall dein Claim bzw. Slogan, also der Satz, der auf den Punkt bringt, was du bietest oder tust.

## So findest du deinen Claim/Slogan

Es gibt verschiedene Ansätze, um diesen Claim zu entwickeln: Der **ergebnisorientierte Ansatz**, in dem du zeigst, was besser ist, nachdem jemand mit dir zusammengearbeitet hat.

Beispielsweise:

- Für dein profitables Business
- Mehr Gelassenheit, weniger Stress
- Sofort weniger Druck im Job
- Finde deine Berufung

Der **Zielgruppen-Ansatz** kommt vor allem dann für dich in Frage, wenn du eine ganz spezielle Zielgruppen-Nische bedienst.

Beispielsweise:

- Entspannt zur Geburt
- Schlank ohne Diät
- Nie wieder Diät
- Endlich Führungskraft

Der **Feindbild-Ansatz** ist für dich geeignet, wenn du über Feindbilder eine Bewegung schaffen willst und weißt, dass sich deine Zielkunden über etwas oder jemanden ärgern.

Beispielsweise:

- Glücklich weg vom Ex
- Nie wieder Warteschleife, wenn es um deine Finanzen geht
- Raus aus dem Hamsterrad

Dein Claim passt am besten in den Header deiner Website. Dort kannst du - falls du bereits eines hast - auch dein Logo platzieren.

Als Coach nutzt du als Logo am besten deinen Namen, den du in ein Logo verwandeln lassen kannst.

## Und danach?

Wenn du bereits einen Blog hast oder einen Blog planst, zeigst du diesen ebenfalls auf deiner Startseite an. Wenn du erst startest und noch nicht so viele Inhalte hast, folgt jetzt die Information, wann deine Besucher hier richtig sind.

Darstellen kannst du das mit Fragen wie:

- Fühlst du dich...

  oder

- Fragst du dich...

(Selbstverständlich kannst du auf der Website auch siezen.)

Dann beschreibst du den Schmerzpunkt deiner Zielkunden und Zielkundinnen und lässt sie wissen, dass sie - wenn sie diese Herausforderung oder dieses Problem haben - hier genau richtig sind.

Erkläre zudem mit einem oder zwei Sätzen, was sie hier auf der Seite erwartet und biete ihnen dann als nächstes deinen kostenfreien Lead Magneten an. Mehr darüber erfährst du in den nachfolgenden Kapiteln.

In den Footer deiner Website gehören Impressum und Datenschutzerklärung.

## Medien Logos und Auszeichnungen

Wenn du bereits in Medien erschienen bist oder über besondere Auszeichnungen verfügst (bspw. Bestseller Autor, Proven Expert, Auszeichnung als Top-Coach oder ähnliches) solltest du diese nutzen, um deinem Website-Besucher zu zeigen, dass du Expertenstatus hast. Diese Logos und Siegel passen am besten in den Footer oder in die Seitennavigation.

# Deine “Über mich”-Seite

Auf gar keinen Fall fehlen darf auf deiner Website deine “Über mich”-Seite. Wenn du es auf der Startseite geschafft hast, deinen Zielkunden und Zielkundinnen zu zeigen, dass sie hier richtig sind, ist als nächstes die “Über mich”-Seite die am meisten geklickte Unterseite.

Wir Menschen möchten immer wissen, mit wem wir es zu tun haben. Wir interessieren uns für Menschen. Hier darfst du die Chance nutzen, die Verbindung zu deinen Zielkunden und Zielkundinnen zu vertiefen.

Was viele Coaches - und nicht nur diese - hier falsch machen: Sie listen Zertifikate, Ausbildungen und Karriere-Stationen auf, um ihre Kompetenz zu zeigen. Eine solche Ansammlung von Fakten lesen wir aber nur ungern. Zudem setzen deine Zielkunden und Zielkundinnen deine Kompetenz voraus. Eine Auflistung von Zertifikaten und Ausbildungen ist somit kein wirkliches Unterscheidungskriterium.

Um eine wirkliche Verbindung zu deinen Zielkunden und Zielkundinnen aufzubauen, darfst du auf deiner “Über-mich”-Seite stattdessen erzählen,

- warum du tust, was du tust,
- warum dir das wichtig ist,
- wie du dazu gekommen bist, das zu tun, was du tust,
- welche Erfahrungen, Rückschläge aber auch Erfolge du dabei erlebt hast und
- wie deine Mission aussieht.

Es geht auf deiner “Über mich”-Seite **nicht** darum, dich als perfekten und makellosen Coach darzustellen. Es geht darum zu zeigen, dass du weißt, wie sich deine Zielkunden und Zielkundinnen fühlen, dass du nachvollziehen kannst, wie es ist, in einer solchen Krise zu stecken und dass du es - eventuell auch mit Rückschlägen - dennoch geschafft hast, dieser Krise zu entfliehen.

Du zeigst damit, dass du ein Mensch bist mit Stärken und Schwächen und dass du verletzlich bist, anstatt dich als Superhelden/-in darzustellen und deinen Zielkunden und

Zielkundinnen somit abzuschrecken, indem du signalisierst, dass ihre Problem nur zu lösen sind, wenn sie so makellos sind wie du.

Erzähle auf dieser Seite deine wichtigste Geschichte, die zeigt, warum du tust, was du tust. Welche Erfahrungen hast du also gemacht? Welche Niederlagen eingesteckt? Wo bist du gestärkt hervorgegangen?

Wenn du dann dein Warum erläutert hast, ist das eine gute Gelegenheit, deine Mission unterzubringen. Das hebt dein Business auf eine übergeordnete Ebene und macht es deinen Zielkunden und Zielkundinnen möglich, sich mit dir als Person mit Mission zu verbinden.

Wenn du für große und namhafte Unternehmen gearbeitet hast, dann bring das subtil auf deiner "Über mich"-Seite unter. Auch hinsichtlich deiner Ausbildungen und Zertifikaten bringst du bitte nur die im Fließtext unter, die für deine Zielkunden wirklich wichtig sind. Denn: Zertifikate sind weit weniger wichtig, als wir denken. Wichtig sind die Ergebnisse, die wir bieten.

Am Ende forderst du deine Zielkunden und Zielkundinnen wieder zu einer Handlung auf. Direkt zu einem Erstgespräch einzuladen, ist in den meisten Fällen zu früh. Das wäre wie der Heiratsantrag beim ersten Date. Am besten funktioniert an der Stelle, deinen Lead-Magneten anzubieten.

## Deine "Mit mir arbeiten"-Seite

Auf deiner "Mit mir arbeiten"-Seite stehen deine Coaching-Angebote und Pakete. Bitte aber nicht in ausführlicher Form und mit allen Details, was im Paket enthalten ist. Stattdessen nennst du den Namen deiner Pakete und schreibst, was deine Kunden und Kundinnen damit erreichen und wie sie sich untereinander unterscheiden (bspw. ist ein Intensiv- oder VIP-Tag immer ein Startschuss oder Kick-Off oder Quick-Fix oder eine schnelle Hilfe, während ein längerfristiges Programm nachhaltige Veränderungen erzielt).

Für den Start reicht es, wenn du ein längerfristiges Paket (drei oder sechs Monate) und ein kurzfristiges Angebot (bspw. einen VIP-Tag) darstellst. Bedenke, dass du größere Premium-Pakete immer im persönlichen Erstgespräch verkaufst. Deine Website muss deine Angebote nicht vollständig darstellen, denn zu viele Optionen verwirren deine Zielkunden und Zielkundinnen. Sie wissen am Ende nicht mehr, was das richtige Paket für sie ist und entscheiden sich dann einfach nur für das günstigste Paket.

Da es mein Ziel ist, Coaches ein profitables Coaching Business zu bescheren, rate ich dir zudem von Einzelstunden - womöglich noch inklusive Stundenpreis - ab. Eine Veränderung, wie du sie als Coach bietest, braucht in den allermeisten Fällen eine dauerhafte Begleitung, damit sie nachhaltig verankert ist.

Wenn du bereits Referenzen hast, dann passen diese hervorragend auf die "Mit mir arbeiten"-Seite als Beleg, dass deine Kunden und Kundinnen mit dir auch tatsächlich etwas erreicht haben. Somit steigerst du die Verweildauer deiner Website-Besucher auf dieser Seite. Zudem gibt es kaum überzeugendere Argumente für die Zusammenarbeit mit dir als glaubhafte und authentische Testimonials.

## Dein Blog

Im Gegensatz zum Rest deiner Website, der durchaus recht statisch sein kann, ist dein Blog der Ort, an dem du deine Expertise immer wieder aufs Neue zeigst. Denn dort veröffentlichst du deinen aktuellen Content.

Mit deinem Blog positionierst du dich als Experte oder Expertin in deiner Branche und hebst dich von vielen deiner Wettbewerber und Wettbewerberinnen ab, selbst wenn diese ebenfalls einen Blog haben. Schließlich kannst du dich durch Themen und Formate (Video, Text, Podcast etc.) unterscheiden.

Gleichzeitig zeigst du mit deinem Blog deine Persönlichkeit und deinen ganz eigenen und persönlichen Stil.

Dein Blog ist also nichts anderes als eine Marketingmaßnahme für dich und hilft dir dabei, mit deinen Zielkunden und Zielkundinnen und in Verbindung zu treten, eine Beziehung aufzubauen und letztlich mehr zu verkaufen.

Ziel deines Blogs ist es also, Bekanntheit, Beliebtheit und Vertrauen aufzubauen. Die ganz große Reichweite steht dabei nicht im Fokus, vor allem nicht, wenn dein Business eine Nische besetzt. Besser du hast 100 regelmäßige Blog-Leser und E-Mail-Abonnenten und 50 davon kaufen bei dir, als wenn du 10.000 Leser hast, aber nur 5 wirklich zu deiner perfekten Zielkundschaft gehören.

Genau wie der Rest deiner Website hat also auch dein Blog die Zielsetzung, neue Kontakte zu generieren und sie möglichst in deinen E-Mail-Verteiler zu ziehen, Besucher/-innen in Interessenten/-innen und später auch in Kunden/-innen zu verwandeln, deine Beziehung zu aktuellen Kunden und Kundinnen zu stärken, dich als Branchen-Experte oder Branchen-Expertin zu positionieren, dein Coaching zu erklären und gegebenenfalls auch die Medien auf dich aufmerksam zu machen.

Für den Start reicht es, wenn du drei bis vier gute Blogbeiträge auf deiner Website platzierst - am besten zu den wichtigsten Fragen zu deinem Thema. Das ist nicht nur gut für deine Leser/-innen und Zielkunden/-innen, sondern vor allem auch für deine Suchmaschinenoptimierung, denn Google bewertet mehr Inhalte positiv.

## Weitere Unterseiten

Neben den bereits angeführten Seiten, sollte deine Website noch mindestens eine Landingpage mit deinem Lead Magneten enthalten. Zudem brauchst du ein Impressum und eine Datenschutzerklärung. Zu beiden Themen kommen wir in den weiteren Kapiteln.

Wenn du Kunden über Vorträge gewinnen willst oder bereits Vorträge hältst und deinen Expertenstatus auch über Pressearbeit ausbauen willst, bietet sich eine "Medien und Vorträge"-Seite an. Dort verlinkst du zu Medienberichten über dich oder Interviews mit dir und zeigst Vortrags-Testimonials an. Wenn du bereits viele Testimonials und Referenzen hast, kannst du diese auch auf einer eigenen Unterseite darstellen.

# Was du getrost weglassen kannst

Bitte nenne keine Stundenpreise auf deiner Website. Ich weiß, es gibt immer wieder Menschen, die behaupten, dass sie – wenn sie nicht auf Anhieb den Preis sehen – nicht bei dir kaufen würden. Aus meiner Erfahrung ist das jedoch eine Ausrede.

Entweder gehören diese Menschen zu denjenigen, die sowieso nie mit dir zusammen arbeiten würden oder sie reden sich selbst ein, dass sie für Marketing nicht empfänglich sind. In meiner Arbeit mit mehr als 400 Coaches hab ich ganz andere Erfahrungen dazu gemacht.

Packe stattdessen die Beschreibung deiner Angebotspakete auf deine Website wie im letzten Kapitel beschrieben.

Wenn du mit Einzelstunden arbeitest, versuchst du, gute Gespräche zu verkaufen, anstatt Ergebnisse zu liefern. Du müsstest davon so viele verkaufen, dass du eine ganze Flut von Anfragen für eine Zusammenarbeit mit dir bräuchtest, um ein profitables Business aufzubauen.

Mach es dir lieber leichter und arbeite mit Paketen, bei denen du deine Kunden und Kundinnen über einen sinnvollen längeren Zeitraum begleitest, um wirklich sicherzustellen, dass sie das Ziel auch erreichen. Damit schlägst du zwei Fliegen mit einer Klappe: Deine Kunden und Kundinnen haben das gewünschtes Ergebnis und du ein profitables Business.

Genauso wenig brauchst du Details zu deinen Paketen (also wie viele Stunden enthalten sind, ob du mit Persönlichkeits- oder Motivationstests arbeitest, in welchem Rhythmus du deine Kunden und Kundinnen sprichst usw.). Diese Details erklärst du im Erstgespräch. Auf deiner Website bewirken sie nur eines: Deine Wettbewerber und Wettbewerberinnen zu informieren, wie du deine Angebote strickst.

Ebenso wenig braucht du Erläuterungen zum Thema "Was ist Coaching?". Es ist absolut verständlich, wenn du dazu tendierst. Denn viele Coaches machen nach ihrer Ausbildung die Erfahrung, dass ihr Umfeld nicht weiß, was genau sie tun.

Was genau du tust in deinem Coaching, also welche Methode du anwendest und wie Coaching wirkt ist aber zweitrangig für deine Kunden/-innen. Niemand kauft das Coaching an sich. Deine Zielkunden/-innen kaufen die Aussicht auf das gewünschte Ziel oder Ergebnis, das sie erreichen wollen.

Auch wenn du auch B2B (Business-to-business, also vor allem mit Unternehmen) arbeitest und mit der Website auch Personaler ansprechen willst, kannst du davon ausgehen, dass diese wissen, was Coaching ist. Bei B2C Kunden (also selbst-zahlenden Kunden, Business-to-consumer) reicht es völlig aus, dein Vorgehen im persönlichen Gespräch zu erklären.

## Kein Kontaktformular zum “kostenlosen Erstgespräch”

Wovon ich dir ebenfalls abrate, ist ein Kontaktformular einzubinden, mit dem du zum kostenlosen Erstgespräch aufforderst. Wenn du eine solche Aufforderung auf der Website platzieren willst, dann solltest du das Erstgespräch **attraktiv benennen**. Denn nur weil ein Erstgespräch kostenlos ist, ist es noch lange nicht attraktiv.

Besser ist, ein spezifisches Gespräch anzubieten. Wenn dein Thema beispielsweise Stress ist, dann kannst du eine kostenlose “Stress lass nach”- Session”anbieten.

Der bessere Weg ist jedoch, diese Session überhaupt nicht auf die Website zu packen, sondern deine Zielkunden und Zielkundinnen stattdessen über deinen Lead Magneten und dein E-Mail-Marketing oder über spezielle Aktionen zum Erstgespräch einzuladen und somit Schritt für Schritt zu dir hin zu leiten.

Ein kostenloses Erstgespräch jederzeit auf deiner Website anzubieten, signalisiert deinen Zielkunden und Zielkundinnen, dass du immer verfügbar bist. Alles, was wir immer haben können, ist aber nicht attraktiv für uns. Selbst wenn sich deine Zielkunden und Zielkundinnen bereits für dein Coaching interessieren, gibt es für sie bei einem immer verfügbaren Erstgespräch keine Notwendigkeit sofort zu handeln.

Die Angst, dass sich ohne dieses Angebot zum kostenlosen Erstgespräch niemand bei dir meldet, ist unbegründet. Wenn deine Zielkunden und Zielkundinnen tatsächlich auf der Suche nach einem Coach sind und sich für dich interessieren, sind sie durchaus in der Lage im Impressum oder im Kapitel Kontakt nachzuschauen, wie sie dich erreichen.

## Keine nichtssagenden Floskeln

Bitte vermeide zudem Floskeln, die du auf so vielen austauschbaren Websites siehst, wie...

- Bei mir bekommen Sie alles aus einer Hand.
- Ihre Mitarbeiter sind Ihr Kapital.
- Gehen Sie mit mir in Ihre Zukunft.
- Lassen Sie sich von mir begleiten oder
- wir lösen Ihre Blockaden.
- Ich verschaffe Ihnen Klarheit.

Frage dich ganz ehrlich: Wie oft hast du sowas schon gehört? Einzigartigkeit lässt sich dadurch nicht erzielen.

Schreibe stattdessen auf deiner Website in deinem persönlichen Stil. Drücke aus, was du denkst und vergiss, was du gelernt hast, was ‚man im Business so macht'. Oftmals sind wir von langen Jahren im Angestelltenverhältnis so weichgespült, dass wir fast schon Beamtendeutsch sprechen. Tu das nicht. Sag klar, was du erlebt und erfahren hast, welche Schlüsse du gezogen hast, warum du tust was du tust und was hinterher besser ist, wenn jemand mit dir zusammenarbeitet. Vermeide dabei Fachausdrücke oder komplizierte Sätze - auch wenn du eine gut ausgebildete Zielgruppe hast.

## Keine kaputten Links

Um die Besucherzahlen für deine Website zu steigern, bedarf es Anstrengung und Ausdauer. Daher solltest du darauf achten, dass nichts auf deiner Website deine Besucher/-innen wieder vertreibt.

Also: So wenig wie möglich Links weg von deiner Seite und auf fremde Seiten. Sollten solche Links unbedingt notwendig sein, dann bitte immer in einem neuen Fenster.

Deine Website sollte keine Inhalte enthalten, um Platz zu füllen. Nur die wirklich wichtigen Dinge stehen darauf, wie bereits besprochen.

Auch Social Media sollte dort nicht die Hauptrolle spielen. Zeige dort also nicht deine neuesten Tweets oder Facebook-Posts. Das animiert deine Besucher/-innen nur dazu, deine Seite zu verlassen und sich in die sozialen Netze zu begeben, um dann im dortigen Nirwana zu verschwinden.

Selbstverständlich bitte auch keine Rechtschreibfehler, kaputte Links oder automatisch spielende Musik. Viele Besucher/-innen stört das. Stelle sicher, dass deine Website einen klaren und professionellen Eindruck macht. Keine kindischen Fotos oder Schriften.

Bitte auch keine unklaren Namen für deine Navigation. Hier geht Klarheit über Kreativität. Besser du schreibst ‚Über mich' wie alle, statt ‚Kreativität in Serie' oder ähnliches.

## SEO (Search Engine Optimization)

SEO ist wohl der wahr gewordene Traum aller, die online Kunden/-innen gewinnen oder etwas verkaufen. Hinter dem Wort Search Engine Optimization, also Suchmaschinenoptimierung, steckt immer der Wunsch, von ganz alleine im Netz gefunden zu werden, so dass neue Kunden und Kundinnen ebenso von ganz alleine auf den Anbieter zukommen. Leider funktioniert das gerade in der Coaching-Branche nicht.

Bei Google weit oben in der Ergebnisliste zu stehen, wenn nach einem bestimmten Keyword gesucht wird, ist natürlich absolut nichts Schlechtes. Es sollte sogar dein Ziel sein, zu einigen deiner Themen bei Google gut gerankt zu werden. Dennoch reicht gute SEO-Arbeit nicht für die Kundengewinnung aus.

Wie bereits angesprochen, liegt das vor allem an der Tatsache, dass der Verkauf von Coaching eine Menge Vertrauen von Seiten deiner Zielkunden und Zielkundinnen voraussetzt. Dieses Vertrauen ist in den meisten Fällen nicht durch den kurzen Besuch deiner Website aufgebaut. Zudem ist es gerade in der heiß umkämpften Coaching-Branche schwierig, allein durch den Text auf deiner Homepage so aus der Masse hervorzustechen, dass deine Website Besucher und Besucherinnen sofort sagen: 'Den/Die will ich haben'.

Was eine gute SEO für dich als Coach bewirkt ist jedoch wiederum, dass du deinen E-Mail-Verteiler füllen kannst. Wenn deine Themen, deine Blogbeiträge, deine Podcast-Folgen oder Video-Blogs bei Google zu deinen Keywords weit oben in der Ergebnisliste stehen, bringt dir das Besucher. Wenn diese Besucher deine Inhalte interessant finden, nehmen dich diese zum einen als Experten oder Expertin wahr, zum anderen nehmen sie gegebenenfalls oftmals dein Angebot an, sich eine zusätzliche Checkliste, eine weitere Information, ein kleines selbstverfasstes E-Book, ein dazugehöriges Training oder Sonstiges von dir herunterzuladen und gelangen somit wieder in deinen E-Mail-Verteiler.

## Wie also machst du eine gute SEO für deine Website und dein Business?

Der erste Schritt dazu ist, dass du analysierst, welche die für dich wichtigen Keywords sind. Also die Suchbegriffe, zu denen du gefunden werden willst, wenn sie einer deiner Zielkunden bei Google eingibt. Dazu kannst du Tools nutzen wie den Google Keyword-Planner, der allerdings nur noch dann kostenlos zur Verfügung steht, wenn du bereits bei Google Anzeigen schaltest.

Wenn du das noch nicht tust, kannst du Ubersuggest.com von Neil Patel nutzen. Auch dort kannst du herausfinden, ob und wie oft bestimmte Worte gesucht werden und erhältst zudem erste Informationen darüber, wie hoch bzw. stark deine Konkurrenz ist.

Gibst du beispielsweise das Wort 'Achtsamkeit' ein, nachdem du die Suche auf Deutsch umgestellt hast, erfährst du, dass dieses Wort 18.100 mal pro Monat in Suchmaschinen eingegeben wird (Stand November 2019). Gleichzeitig erfährst du die durchschnittlichen

Kosten pro Klick (CPC), die von unterschiedlichen Anbietern gezahlt werden, die Anzeigen auf dieses Keyword schalten (hier 0,61 Euro). Die Paid Difficulty gibt dir eine Einschätzung der Konkurrenz in der bezahlten Suche. Die Search Difficulty tut das gleiche in der organischen Suche. Je höher diese beiden Zahlen sind, umso schwieriger ist es, für dieses Keyword ganz oben in den Suchmaschinen aufzutauchen.

Im Coaching-Markt gibt es leider keine Keywords mehr, für die keine oder wenig Konkurrenz bestünde. Dafür ist der Markt bereits zu sehr fortgeschritten. Dennoch lohnt es sich, einige Zeit in die Keyword-Suche zu investieren, damit du ein besseres Bild davon bekommst, nach was Menschen suchen.

Beispielsweise suchen nicht gerade viele Menschen nach den im Coaching gern verwendeten Worten wie 'Klarheit' (2.900 Suchanfragen pro Monat) oder 'Blockaden lösen' (2.400 Suchanfragen pro Monat). Das Wort 'Begleitung' wird sogar gar nicht gesucht.

## Ziel deiner Keyword-Analyse

Das Ziel deiner Keyword Analyse ist es, zwanzig bis dreißig Keywords zu haben, die zu deinem Coaching und vor allem zu deiner Nische passen und zu denen du Content erstellen kannst, um darüber in den Suchmaschinen gefunden zu werden.

## So funktioniert die Suchmaschine

Damit deine Website in den Suchergebnissen erscheint, muss sie zunächst indexiert und vom Google Crawler gefunden werden. Alle Webseiten, die Google bekannt sind, werden im Index von Google gespeichert. Indexieren ist dabei der Vorgang bei dem Google eine Seite aufruft, liest und dem Index hinzufügt. Der Google Crawler ist eine automatisierte Software, die Seiten aus dem Web sucht, abruft und dann eben indexiert. Dieser Crawler wird auch Googlebot genannt.

Der Googlebot findet deine Seite automatisch, du musst sie also nicht dezidiert einreichen.

Dennoch gibt es die Möglichkeit genau das zu tun, sobald deine Webseite erstellt ist. Dazu kannst du deine Sitemap - also die Liste aller deiner in deiner Webseite inkludierten Haupt- und Unterseiten - einreichen. Am besten lässt du dich dabei von deinem Webdesigner oder deiner Webdesignerin unterstützen oder googelst, wie das genau funktioniert.

Damit deine Webseite gut gefunden wird, sollte sie einige Voraussetzungen erfüllen. Google will für seine Nutzer/-innen qualitativ hochwertige Inhalte, den Unternehmensstandort und Inhalte, die sicher und schnell auf allen Geräten einwandfrei abrufbar sind.

## Dein Start in die Suchmaschinenoptimierung

Um vom Start weg sicherzustellen, dass deine Webseite so gut wie möglich gefunden wird, solltest du die Homepage auf ein Keyword optimieren, das deinen Standort enthält. Es ist nämlich leichter für 'Business Coaching Köln' gefunden zu werden als für 'Business Coaching' generell.

Zusätzlich solltest du in 'Google My Business' ebenfalls deinen Standort angeben, also alle abgefragten Inhalte ordentlich eintragen. Auch das verbessert deine Auffindbarkeit. Das gilt auch für dich, falls du wie ich vor allem online und ortsunabhängig arbeitest und der Standort für dich gar keine große Rolle spielt. Google weiß, wo ein/-e Nutzer/-in sitzt, der/die den Begriff Business Coaching eingibt. Sitzt er/sie in obigem Fall in der Nähe von Köln, wird deine Webseite ebenfalls in den Suchergebnissen berücksichtigt. Wie weit oben sie landet, hängt dann von der Konkurrenz und weiteren Faktoren ab, die Google jedoch gut unter Verschluss hält.

Das größte Potenzial für deine Auffindbarkeit auf Google hast du mit deinem Blog. Wie du im Kapitel Content Marketing noch erfahren wirst, darfst du regelmäßig etwas veröffentlichen, wenn du dein Coaching online verkaufen möchtest. Das kannst du in Form eines schriftlichen Blogs, regelmäßiger Podcast-Folgen oder Videos tun. Alle diese Inhalte stehen auf deiner Webseite in deinem Blog.

Wenn du die Keyword Analyse gemacht hast, hast du mittlerweile einige Ideen, zu welchen Themen du Inhalte produzieren kannst.

Um sicherzustellen, dass dein Blog-, Video- oder Podcast Beitrag auf deiner Webseite so gut wie möglich gefunden wird, nutzt du am besten ein professionelles SEO-Tool. Meine Empfehlung für dich ist hier das Plug-In Yoast-SEO (einfach danach googeln).

Einmal installiert kannst du damit sicherstellen, dass jeder deiner Veröffentlichungen den grundlegenden Voraussetzungen von Google entspricht.

Unterhalb deiner Wordpress-Beiträge findest du dann dieses Formular:

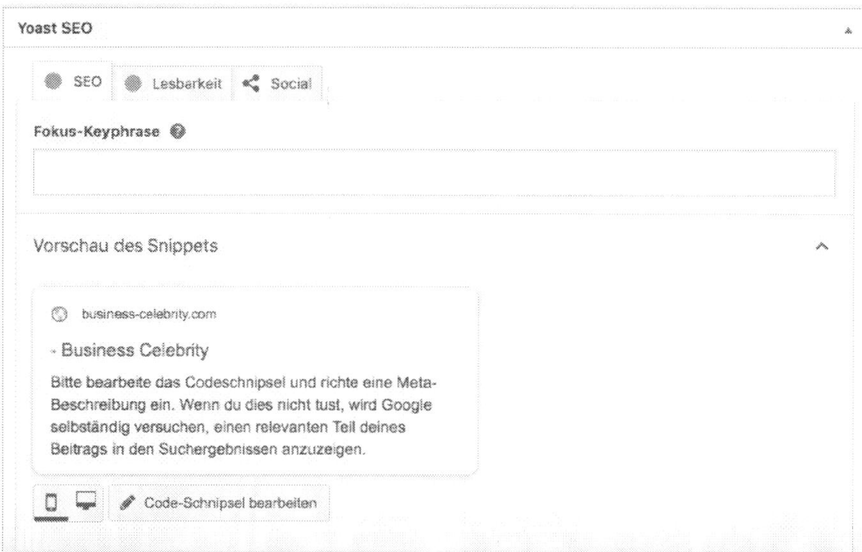


Nachdem du deinen Beitrag verfasst hast, trägst du unter “Fokus-Keyphrase” dein Keyword ein und klickst dann auf “Code-Schnipsel bearbeiten”. Das sieht dann so aus:

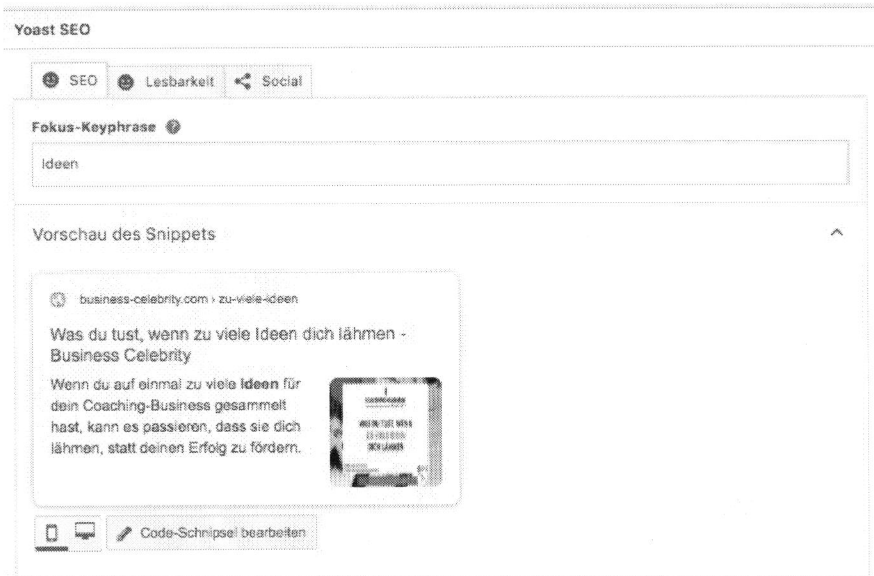


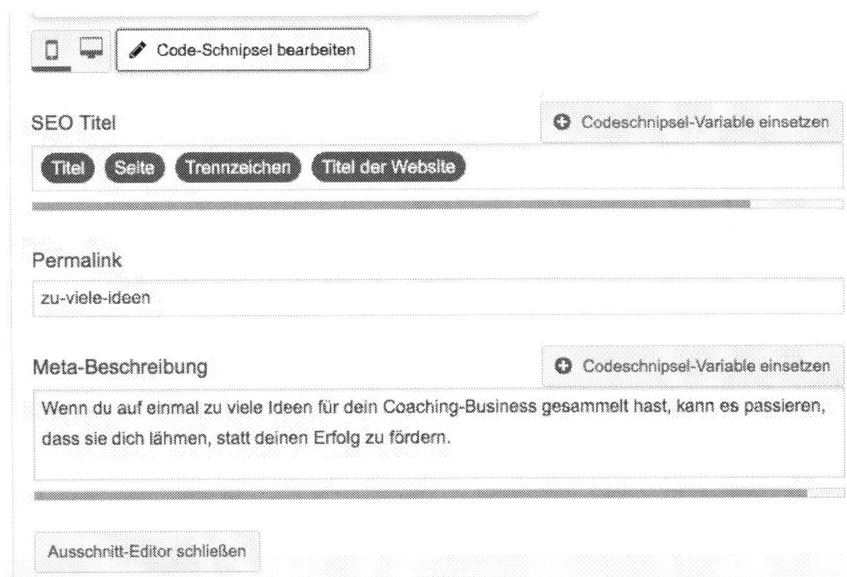


Dein Permalink sollte innerhalb deiner Webseite einzigartig sein. Es sollte also keinen weiteren Beitrag von dir unter diesem Link geben. Im Permalink muss dein Keyword enthalten sein, genauso wie in der Meta-Beschreibung. Die Meta-Beschreibung ist der Text-

Ausschnitt, der bei Google erscheint, wenn jemand das Keyword in die Suche einträgt und dein Beitrag dazu gefunden wird.
Das sieht so aus:

Klickst du dann auf den kleinen Pfeil bei 'SEO-Analyse' listet dir das Yoast Plug-In ganz genau auf, was du am Text verbessern kannst, um die Auffindbarkeit auf Google zu verbessern.

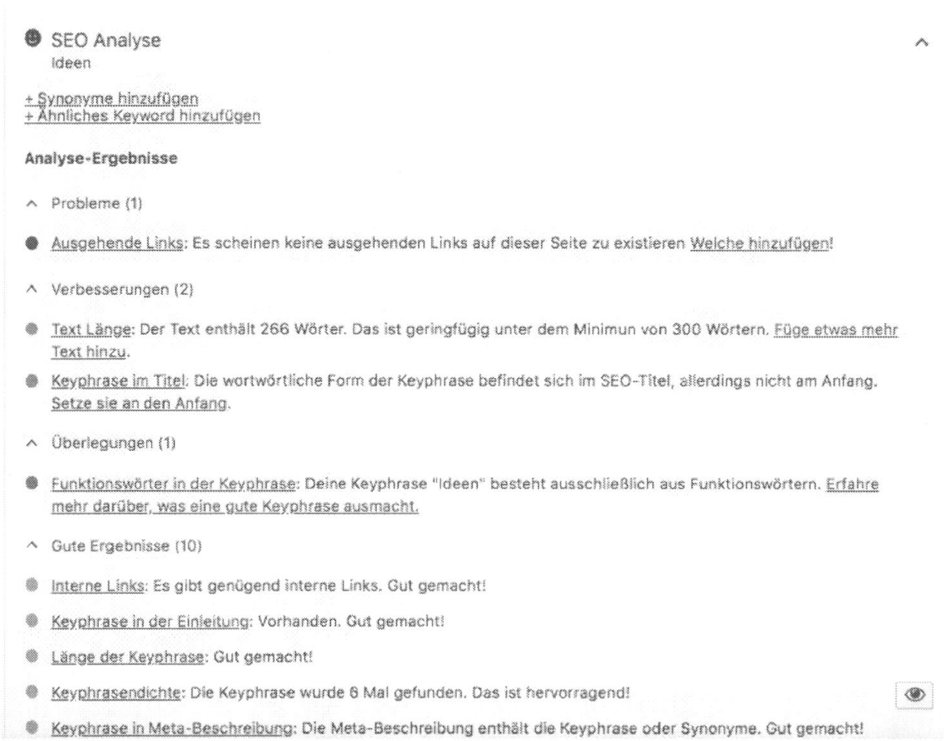

Du solltest deinen Beitrag dann solange verbessern, bis dir Yoast eine grüne Ampel anzeigt und somit bestätigt, dass dein Beitrag gut gefunden werden kann. Wo der in den Suchergebnissen auftaucht, ist dann abhängig von unterschiedlichen Faktoren wie beispielsweise der Konkurrenz-Situation, der Relevanz, Links, die von anderen Webseiten auf deinen Beitrag verweisen und der Dauer, die dein Beitrag bereits online steht. Oftmals verbessert sich das Ranking mit der Zeit.

## Weitere Möglichkeiten, deine Auffindbarkeit zu verbessern

Google schreibt deiner Webseite eine höhere Autorität zu, wenn es Links zu ihr von anderen beliebten und vertrauenswürdigen Webseiten gibt. Daher ist es immer eine gute Idee, Gastbeiträge für größere Newsportale zu verfassen, auf denen sich deine Zielgruppe befindet. Denn oftmals sind Verlinkungen zu deiner Webseite darin erlaubt oder zumindest dein Autoren Profil verweist auf sie. Je mehr vertrauenswürdige und gut besuchte Portale auf deine Webseite zurück verlinken, desto besser.

---

# Content-Management-System

Wenn du gerade erst dabei bist, deine Website aufzubauen, empfehle ich dir vom Start weg auf Wordpress als Content Management System zu setzen. Es gibt zahlreiche Baukasten-Systeme auf dem Markt wie Jimdoo, Joomla oder die Baukasten-Systeme von 1&1, die jedoch allesamt schnell an ihre Grenzen kommen.

Mit Wordpress hingegen hast du nicht nur die volle Kontrolle über deine Website - sprich über das Design, den Inhalt und die Funktionalität. Du kannst damit auch jederzeit zu einem anderen Host umziehen, denn Wordpress ist eine Open Source Software, die auch dann verfügbar ist, wenn das Unternehmen dahinter sich entscheiden sollte, sich vom Markt zu verabschieden.

Wordpress ist einfach zu lernen. Die Plattform ist zudem sehr populär und es gibt zahlreiche Freiberufler/-innen, die dir weiterhelfen können, wenn du einmal nicht weiter wissen solltest. Alle sinnvollen Plug-Ins und Website-Erweiterungen gibt es immer auch für Wordpress. Das ist bei den Baukasten-Systemen nicht der Fall.

Doch Vorsicht: Bei Wordpress gibt es oftmals ein großes Missverständnis. Viele gehen nämlich auf wordpress.com und legen dort ihren Blog oder ihre Website an. Wordpress.com ist auch auf jeden Fall eine kostenfreie Plattform, bietet dir jedoch nicht die gewünschte Kontrolle über deine Website, die wir gerade besprochen haben.

Was wir wollen, ist Wordpress als Content Management System zu verwenden und deine Website unter deiner ganz individuellen Domain zu veröffentlichen. Was wir also wollen ist unser selbst-gehostetes Wordpress System.

Dazu sicherst du dir Webspace bei einem Host wie allinkl, HostEurope oder 1&1. Du sorgst also dafür, dass deine Seite einen Platz im Internet bekommt und sicherst dir die entsprechende Adresse (URL) dazu. Dann installierst du Wordpress als Content Management System. Das funktioniert bei den meisten Hosts mit einem einzigen Klick.

# Kapitel 3: E-Mail-Marketing - Voraussetzung für den Vertrauensaufbau

“Nicht noch ein weiterer Newsletter!” So oder so ähnlich sind oftmals die Reaktionen, die ich erhalte, wenn ich meinen Kunden und Kundinnen dazu rate, mit E-Mail-Marketing zu starten. Wenn dann nach einiger Überzeugungsarbeit ein kleiner Verteiler aufgebaut ist und die ersten neuen Coaching-Kunden gewonnen wurden, ist die Reaktion wie du dir vorstellen kannst, ganz anders.

E-Mail-Marketing ist ein zentraler Erfolgsfaktor für ein profitables Coaching-Business und ein effektives Online Marketing für Coaches.

Warum das so ist? Weil es für die erfolgreiche Akquisition neuer Coaching-Kunden/-innen wichtig ist, dass deine Zielkunden und Zielkundinnen dir vertrauen. Dieses Vertrauen ist - wie bereits erwähnt - nicht durch den einmaligen Besuch deiner Webseite aufgebaut. Dazu bedarf es mehr. Du darfst also sicherstellen, dass du mehrfach die Gelegenheit hast, mit deinen Interessenten/-innen zu kommunizieren, um dieses Vertrauen langsam aber sicher zu vergrößern.

Große Konsumgütermarken investieren in diesen Vertrauensaufbau, indem sie weltweite TV-Kampagnen schalten. Neben dem enormen Streuverlust ist es für Coaches, die in den meisten Fällen Einzelunternehmer/-innen sind, natürlich schlicht und einfach nicht leistbar, eine solche Kampagne zu starten. Alternativ könntest du probieren, deine Zielkunden/-innen immer wieder bei Netzwerk-Veranstaltungen zu treffen. Dort musst du dir - sofern du nicht selbst der Veranstalter oder die Veranstalterin bist - jedoch die Aufmerksamkeit deiner Zielkunden/-innen mit vielen weiteren Anbietern und Anbieterinnen teilen. Denn auf solchen Veranstaltungen wimmelt es oftmals nur so von Coaches.

Mit E-Mail-Marketing hingegen hast du die Möglichkeit, mehrfach mit deinen Zielkunden und Zielkundinnen zu kommunizieren, ihnen einen Mehrwert zu liefern und Einblicke in deine Werte, deine Arbeit und deine Transformation zu geben, die du durch dein Coaching für deine Kunden und Kundinnen erreichst.

Es geht also nicht darum, einen regelmäßigen Newsletter zu veröffentlichen, um deine Zielkunden und Zielkundinnen über dich und dein Business auf dem Laufenden zu halten. Mit Verlaub: Das ist für niemanden da draußen von Interesse. Wir erhalten jeden Tag viel zu viele Informationen und auf dem Laufenden zu bleiben, gehört zum Tagesgeschäft. Warum sollte jemand darüber auf dem Laufenden bleiben wollen, was bei dir passiert?

Anstatt also einen weiteren Newsletter zu produzieren, darfst du dich stattdessen fragen, was du liefern kannst, um deine Zielkunden und Zielkundinnen einen ersten Schritt in Richtung der von ihnen angestrebten Transformation zu bringen.

Stell dir dann folgendes vor: Wie viele Aufträge könntest du generieren, wenn du einmal pro Woche auch nur 50 Personen über dein Coaching-Angebot und dessen Vorteile informieren könntest? Stell dir vor, wie deine Kundenakquisition aussehen würde, wenn du 100 potenzielle Kunden und Kundinnen darüber erreichst. Oder sogar 1000. Selbstverständlich melden sich 50, 100 oder 1000 mögliche Kunden und Kundinnen nicht über Nacht für dein E-Mail-Marketing an. Aber mit Kontinuität schaffst du es, dir in einigen Monaten eine solide Basis aufzubauen, die dir mehr Business bringen wird.

Überleg dir daher zunächst: Für was sind deine Zielkunden und Zielkundinnen bereit ihre Kontaktdaten zu hinterlassen?

Um einen solchen kostenlosen Mehrwert - wir nennen diesen ab sofort Lead Magnet - für deine Zielkunden und Zielkundinnen zu finden, den du als Anreiz für die Registrierung zu deinem E-Mail-Marketing anbieten kannst, schaust du dir deine Zielkunden und Zielkundinnen genau an. Hier geht es um Einfühlungsvermögen, Mitgefühl und vor allem um deine Bereitschaft, deinen Zielkunden und Zielkundinnen nützlich zu sein!

Schau dir genau an, welche Schmerzen deine Zielkunden und Zielkundinnen haben. Welche Probleme haben sie, die du lösen kannst? Was hilft ihnen einen Schritt weiter?

Kannst du dazu ein kostenloses kleines Video-Training, ein Webinar, eine Checkliste, ein E-Booklet oder eine Audio-Datei erstellen?

Dann hast du den ersten Schritt bereits getan. Damit die Ideen bei dir fließen, gebe ich dir gerne einige Beispiele für unterschiedliche Coaching-Nischen:

Life Coaching:
SPICKZETTEL: 9 Dinge, die Sie vermeiden müssen, wenn das Leben hektisch wird.
3-TEILIGE AUDIO SERIE: Geheimnisse für eine erfolgreiche Kommunikation in der Familie - Für mehr Zufriedenheit im Leben, in der Ehe, im Beruf und in Ihren Beziehungen.
VIDEO: Diese Mütter zeigen, wie Sie Kind und Karriere unter einen Hut kriegen, ohne dabei auszubrennen.
EBOOK: Die 7 wichtigsten Schritte zur inneren Freiheit
EBOOK: 30 Expertentipps, wie Sie mit Kritik umgehen
EBOOK: 10 Expertentipps, wie Sie lernen nein zu sagen

Beziehungs-Coaching:
GUIDE: 10 Tipps für eine starke Beziehung
EBOOK: 5 einfache Wege zu einer besseren Beziehung mit Ihrem Partner

Business Coaching:
GUIDE: 8 Wege, wie Sie Ihren perfekten Kunden anziehen
CHECKLISTE: 10 Wege, wie Sie Kunden direkt vor der Haustür finden
WEBINAR: 21 Tipps für den erfolgreichen Verkauf
VIDEO: 3 Taktiken für perfekten Kundenservice
EBOOK: 35 Erfolgsgeschichten von Unternehmern, die ihre Umsätze drastisch gesteigert haben

Erfolgs-Coaching:
AUDIO: Mindset-Veränderungen, die Ihnen helfen, Ihre Ziele zu erreichen SCHNELLSTARTER-GUIDE: Welche Dinge Sie täglich tun sollten, um erfolgreich zu sein
EMAIL-SERIE: 5 Tage Challenge für mehr Motivation
RESSOURCEN-LISTE: 21 Tools, die Ihre Produktivität steigern

Achtsamkeits-Coaching:
MEDITATION: 5 Minuten Achtsamkeit jeden Tag

Karriere-Coaching:
EBOOK: Roadmap zum Traumjob
QUICK-CHECK: Unzufriedenheits-Check

Ernährungs-Coaching:
SELBSTTEST: Warum nehme ich nicht ab?
WEBINAR: 10 Fakten, die Sie nicht über Fettverbrennung wussten
3-TEILIGE VIDEO SERIE: 3 sichere Strategien, um auch unter Stress gesund zu essen
SCHNELLSTARTER-GUIDE: 27 Fettverbrenner, die Ihre Diät ankurbeln AUSWERTUNG/TEST: Wie gesund sind Sie? Inklusive individuelle Tipps, wie Sie zu Ihrem Wunschgewicht kommen
EBOOK: Warum Diät und Sport alleine Ihnen nicht beim Abnehmen helfen
EMAIL-SERIE: 5-Tage-Fettverbrennungs-Challenge
EBOOK: 25 Superfoods, die Sie jeden Tag genießen sollten
EBOOK: 20 Salat-Rezepte mit vielen Proteinen für Ihre Sommerfigur (inklusive Einkaufszettel)

Gesundheits-Coaching/Fitness-Coaching:
3-TEILIGE VIDEO-SERIE: Wie Sie durch mehr Muskeln gesünder leben SCHNELLSTARTER-GUIDE: 10 Wege, um Ihr Fitnessprogramm effizienter zu machen
RESSOURCEN-LISTE: 20 Apps, mit denen Sie Ihre Fitness-Ziele garantiert erreichen EMAIL-SERIE: 21 Tage Challenge für mehr Gesundheit und Zufriedenheit (gesunde Mahlzeiten und leicht nachmachbare Fitness-Übungen)
SCHNELLSTARTER-WORKBOOK: Die 4 Ziele, die Sie sich heute noch für Ihre Gesundheit setzen müssen

---

## Wie erhält dein Zielkunde deinen Lead Magneten?

Nachdem du dir darüber klar geworden bist, welche Art Lead Magnet du anbietest, gilt es nun, diesen deinen Zielkunden und Zielkundinnen zugänglich zu machen. Die Registrierung für deinen

Lead Magneten solltest du auf der Startseite deiner Webseite, auf deiner “Über mich”-Seite und der “Mit mir arbeiten”-Seite platzieren. Zudem kannst du über ein ‘freundliches’ Pop-Up nachdenken, das sich beispielsweise erst öffnet, wenn deine Besucher/-innen bereits einige Minuten auf der Webseite surfen und das wiederkehrende Besucher/-innen erst wieder nach 14 Tagen sehen.

Zudem solltest du auf deiner Webseite einen Menüpunkt ‘Kostenlos’ erstellen und den Lead Magnet dort über eine separate Landingpage anbieten. Die Eintragung deiner Zielkunden und Zielkundinnen erfolgt dann wie folgt:

Deine Zielkunden und Zielkundinnen besuchen deine Website und sehen dein Registrierungs-Formular. Beispielsweise sieht das so aus:

Ist die Überschrift dieses Formulars oder das Nutzenversprechen attraktiv, tragen dein Zielkunden und Zielkundinnen Namen und E-Mail-Adresse in dieses Formular ein. Es folgt dann der rechtlich vorgeschriebene Double-Opt-In-Prozess, der deinen Interessenten und Interessentinnen nochmals danach fragt, ob er oder sie diese Information wirklich erhalten will. Wenn diese bestätigt wird, landet der Lead Magnet im Posteingang.

# E-Mail-Marketing und Autoresponder

Wie wichtig E-Mail Marketing und dein eigener E-Mail Verteiler für deine Kundengewinnung ist, kann ich gar nicht genügend betonen. Wenn du dir die Mühe machst, diesen Verteiler aufzubauen, hast du irgendwann nie wieder Sorgen, wo dein nächster Kunde her kommt.

Mit deinem Lead Magneten, deiner Opt-In-Page und deinem E-Mail-Marketing-System sammelst du also die Leads deiner Zielkunden und Zielkundinnen ein. Stellt sich als nächstes die Frage, was nach der Eintragung deiner Zielkunden und Zielkundinnen passiert. Die erste E-Mail, die du schickst, enthält selbstverständlich den versprochenen Lead Magneten. Die Lieferung dieser E-Mail kannst du automatisieren, so dass du nicht jedes Mal in dein Postfach schauen musst, ob jemand sich dafür angemeldet hat.

Danach kannst du für den Start erstmal manuell E-Mails mit Inspirationen, Tipps und Tricks an deine Abonnenten und Abonnentinnen versenden. Diese manuellen E-Mails speisen sich inhaltlich aus deinem Blog. Das heißt, du erstellst hier nicht noch mehr Content, sondern machst auf deinen neuesten Blogbeitrag neugierig.

Es geht jedoch vom Start weg auch zielgerichteter, indem du nach der Anmeldung nicht nur den Lead Magneten versendest, sondern eine ganze Begrüßungs-Kampagne verfasst, die du ebenfalls automatisiert ausliefern kannst und damit einen professionellen ersten Eindruck hinterlässt.

Eine Autoresponder-Serie ist also eine bestimmte Anzahl an vorgefertigten E-Mails, die du über einen bestimmten Zeitraum an deine Abonnenten schickst, um ein bestimmtes Ziel zu erreichen. Dabei schreibst du diese Serie nur einmal und automatisierst den Versand, was dir die Arbeit erleichtert

Ziel einer solchen Serie ist es, deine Zielkunden und Zielkundinnen zu einer bestimmten Aktion zu bewegen – in unserem Fall zur Vereinbarung eines Erstgesprächs. Es geht darum, deinen Zielkunden und Zielkundinnen einen Mehrwert zu bieten, so dass sie am Ende die gewünschte Handlung ausführen.

Mit einer Autoresponder-Serie baust du den Kennen-Mögen-Vertrauen-Faktor auf, gern ohne schleimige Verkaufs-Botschaften, sondern durch das Schaffen von Mehrwert.

## Der Weg deiner Zielkunden/-innen zu dir

Der Weg deiner Zielkunden/-innen zu dir sieht also wie folgt aus: Dein Zielkunde oder deine Zielkundin trägt sich für deinen kostenfreien Lead Magneten auf deiner Opt-In Page ein. Es erfolgt eine Weiterleitung auf deine Dankesseite. In der ersten E-Mail sendest du ihm oder ihr den Lead Magneten zu und stellst dich kurz vor.

Danach folgen bspw. im täglichen Rhythmus E-Mails mit weiterem Mehrwert (wertvoller Content, Tipps, Tricks, Showcases etc.) und dann letztlich die Aufforderung sich für ein Erstgespräch bei dir zu melden.

## Inhalte deines Autoresponders (Begrüßungs-Kampagne)

Das Ziel der Begrüßungs-Kampagne ist es, aus einem Fremden einen Freund oder aus einer Fremden eine Freundin zu machen. Deine erste E-Mail zielt daher darauf ab, deinen Abonnenten und Abonnentinnen das ‚Konsumieren deines Lead Magneten' zu verkaufen. Sie sollen das, was du als Lead Magnet anbietest, lesen, anschauen oder anhören.

Zudem stellst du dich persönlich vor und machst transparent, was deine Abonnenten und Abonnentinnen künftig in deinem Verteiler erwartet. Das ist besonders auch im Hinblick auf die Datenschutzgrundverordnung wichtig.

Es ist auch mit der Datenschutzgrundverordnung weiterhin möglich, Lead Magnete anzubieten, E-Mail Adressen einzusammeln und E-Mail Marketing zu betreiben. Wichtig ist dabei aber, dass du jederzeit transparent erklärst, was deine Abonnenten und Abonnentinnen erwartet. Liste also auf, was die Vorteile sind, deine

E-Mails zu erhalten und erläutere, wie man von deinen kostenlosen Inspirationen, Tipps und Tricks, Videos usw. profitieren kann. Informiere deine Abonnenten und Abonnentinnen zudem darüber, dass sie ab und an auch E-Mails mit einem Angebot erhalten werden.

In deiner zweiten E-Mail kannst du die Herausforderungen deiner Zielkunden und Zielkundinnen abfragen und dazu auffordern, dir zurückzumailen. Wenn du das tust, erreichst du zwei Dinge gleichzeitig. Zum einen merken deine Abonnenten/-innen, dass du wirkliches Interesse an ihnen hast.

Zum anderen erreichst du damit, dass die üblichen E-Mail-Clients wie Gmail, Hotmail oder Gmx deine E-Mails als wichtig einstufen, weil deine Abonnenten/-innen darauf geantwortet haben. Du verringerst damit also die Wahrscheinlichkeit, im Spam Ordner zu landen.

In jeder E-Mail sollte es außerdem einen Call-to-Action geben, also eine kleine Verpflichtung für deine Interessenten und Interessentinnen, wie zum Beispiel auf einen Link zu klicken, etwas herunterzuladen oder auch auf deine E-Mail zu antworten. Klingt zwar seltsam, aber somit ‚erziehst' du deinen Abonnenten und Abonnentinnen dazu, dass es in deinen E-Mails auch was zu tun gibt.

In einer weiteren E-Mail deiner Begrüßungs-Kampagne kannst du deine Abonnenten und Abonnentinnen außerdem darum bitten, dir in den sozialen Medien zu folgen oder beispielsweise Teil deiner Facebook-Gruppe zu werden oder einen wichtigen Blogbeitrag oder ein Video auf deiner Website anzuschauen.

Baue von Anfang an kleine Spannungsbögen, offene Enden und Teaser sein. Das ist wie bei einer Seifenoper: ‚Fortsetzung folgt'. Kannst du dich noch erinnern, wie du dich geärgert hast, dass die Lindenstraße mal wieder an der spannendsten Stelle aufhört und du dann eine Woche warten musstest, um zu erfahren, wie es weiter geht?

Ab der vierten E-Mail kannst du deine Abonnenten und Abonnentinnen dazu einladen, sich bei dir für ein Erstgespräch zu melden. Wichtig ist auch hier, dass du das Erstgespräch attraktiv verpackst und benennst. Das kannst du mehrfach tun und in diesen E-Mails die Vorteile auflisten, die deine Zielkunden und Zielkundinnen haben, wenn sie sich für ein Erstgespräch bei dir bewerben. Du kannst ihnen zudem Referenzen nennen und ihre Widerstände ansprechen.

Nicht alle werden sich daraufhin bei dir für ein Erstgespräch bewerben. Tatsächlich wird das eher der kleinere Teil sein, der bereits so viel Vertrauen zu dir hat, das zu tun.
Daher solltest du nach Ablauf deines Autoresponders weitere E-Mails - also Newsletter - zu deinen Blog-Inhalten folgen lassen und dann nach einiger Zeit ein Aktions-basiertes Angebot für ein Erstgespräch machen. Beispielsweise anlässlich der zweiten Jahreshälfte oder des Jahresstarts.

## Die Technik hinter deinem Lead Magneten und dem Anmeldeprozess

Um es deinen Zielkunden und Zielkundinnen zu ermöglichen, sich auf deiner Website in dein Formular und dein E-Mail Marketing System einzutragen, brauchst du folgende technische Voraussetzungen.

Zunächst gilt es zu beachten, dass in Deutschland ein so genanntes 'Double-Opt-In' aus rechtlichen Gründen zwingend erforderlich ist.

Wenn sich also jemand für dein E-Mail-Marketing registriert, erhält er nochmals eine E-Mail, in der er über einen Link bestätigen muss, dass er tatsächlich deine E-Mails/deinen Newsletter/deinen Autoresponder erhalten will.

Das ist so, weil ansonsten grundsätzlich jeder jede E-Mail-Adresse in ein Formular eintragen könnte. Hier muss sichergestellt werden, dass deine Interessenten und Interessentinnen sich wirklich persönlich registriert haben. Das bestätigen sie, indem sie nochmals einen Link in einer E-Mail klicken, die eben nur sie erhalten können.

Um diesen Double-Opt-In Prozess zu verstehen, hilft dir folgende Grafik. Erst wenn deine Interessenten und Interessentinnen bestätigen, dass sie E-Mails von dir erhalten wollen, darfst du den Lead Magneten ausliefern, bzw. weitere E-Mails schicken (je nachdem, was du vorab kommunziert hast).

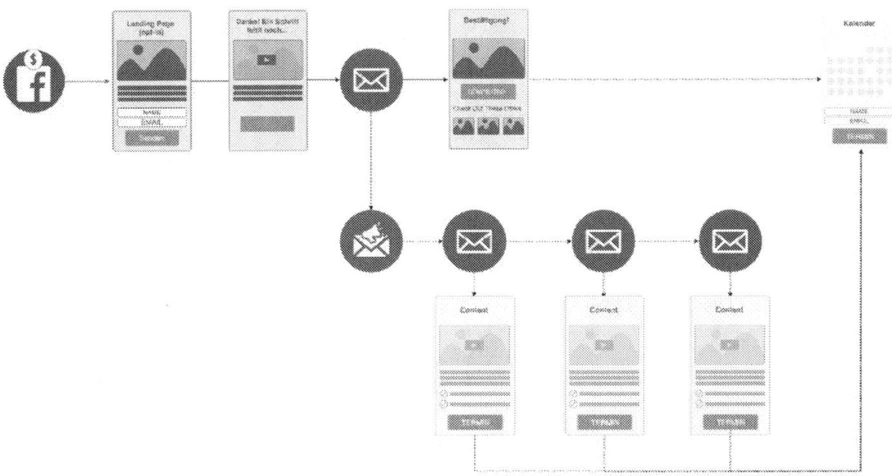

Um diesen Prozess abzubilden, brauchst du folgende Bausteine:

1. Die Landingpage mit dem Eintragungsformular oder ein Formular auf deiner Website.
2. Eine Bestätigungsseite (ebenfalls eine Landingpage), die deinen Abonnenten und Abonnentinnen erklärt, dass sie - um deinen Lead Magneten zu erhalten - noch den Double-Opt-In Prozess abschließen und den Link in der E-Mail anklicken müssen, die von deinem E-Mail Marketing System automatisch ausgelöst wird.
3. Eine Danke-Seite (ebenfalls eine Landingpage), die erklärt, dass die Anmeldung erfolgreich abgeschlossen wurde und gerne auch den Lead Magnet zum Download enthält.
4. Dein E-Mail Marketing System, das die Double-Opt-In E-Mail, sowie im Anschluss die E-Mail mit dem Lead Magneten automatisch auslöst.

## Hinweis zur DSGVO

Wenn du dich bereits etwas intensiver mit Online Marketing und vor allem E-Mail-Marketing beschäftigt hast, dann liegt dir jetzt vielleicht der Begriff 'Kopplungsverbot' auf der Zunge. Seit Inkrafttreten der DSGVO (Datenschutzgrundverordnung) im Jahr 2018 wird immer noch darüber diskutiert, ob der Austausch von Service oder Anreizen (wie Lead Magneten) gegen Daten legitim ist. Bitte beachte, dass Urteile, die es bisher dazu gab (Stand November 2019) bestätigen, dass das weiterhin möglich ist (bspw. **https://www.e-recht24.de/artikel/datenschutz/11551-kopplungsverbot-dsgvo-newsletter-gewinnspiele.html**)

Dennoch solltest du auf deiner Landingpage transparent machen, was deine Interessenten und Interessentinnen nach der Anmeldung zu deinem Lead Magneten erwartet. Dazu kannst du Formulierungen nutzen wie 'Melde dich kostenlos zu meinem Newsletter an und sichere dir als Geschenke mein xyz-Ebook' anstatt das Ebook (also den Lead Magneten) als erstes anzubieten. Somit wird klar, dass sich jemand, der sich für das Ebook interessiert, gleichzeitig für den Newsletter anmeldet. Stelle dann ebenfalls klar, dass eine Abmeldung nach jeder E-Mail mit einem einfachen Klick möglich ist (jeder professionelle E-Mail-Marketing-Anbieter wie **Klick-Tipp** hilft dir dabei).

Bitte beachte, dass ich hier selbstverständlich keinerlei Rechtsberatung übernehmen kann. Ich beobachte nur sehr genau, was auf dem Markt passiert. Wenn du als Lead Magneten - anders als hier vorgeschlagen - beispielsweise ein Gewinnspiel anbieten willst, solltest du dir dazu eine Rechtsberatung gönnen.

---

# Landingpages

Im Unterschied zu einer regulären Unterseite deiner Website hat eine Landingpage ein ganz dezidiertes Ziel. In diesem Fall, wenn dein Lead Magnet drauf steht, hat sie das alleinige Ziel, dass Besucher und Besucherinnen dieser Seite sich in deinen Verteiler eintragen. Oder wieder gehen. Somit ist diese Landingpage gleichzeitig eine Opt-In-Page (Eintragungsseite) im Unterschied beispielsweise zu einer Salespage (Verkaufsseite), auf der du ein Produkt oder Coaching anbietest.

Es gibt auf einer Landingpage also keine Ablenkungen, keine Rubriken, keine Navigation oder weiteren Links, die zu klicken wären (ausgenommen sind Impressum und Datenschutzerklärung, die auf jeder Seite vorgeschrieben sind).

Diese Landingpage/Opt-In-Page solltest du in der Navigation auf deiner Website als ‚Kostenlos', 'Gratis' oder 'Geschenk' benennen.

Es geht auf deiner Opt-In-Page um die reine Nutzenkommunikation. Was ist für deine Zielkunden und Zielkundinnen drin, wenn sie sich auf dieser Seite in das Formular eintragen?

Um eine perfekte Opt-In-Page zu gestalten, kannst du folgenden Aufbau nutzen:

1. Ansprache Zielkunden/-innen
2. Headline (Überschrift)
3. Subheadline (Unterüberschrift)
4. Vorteile (Bulletpoints)
5. Visualisierung
6. Call-to-Action/Eintragungsformular
7. Wenn vorhanden: Testimonials/Vertrauens-Elemente

Es müssen nicht alle Punkte auf die Opt-In-Page – vor allem bei den Testimonials bist du vielleicht noch nicht so weit. Oftmals reicht auch eine einzige Überschrift aus und du brauchst keine Unterüberschrift. Wichtig ist jedoch keine weiteren Elemente hinzuzufügen, also keine Ablenkung zu bieten.

Gehen wir diesen Aufbau im einzelnen durch.

## Ansprache Zielkunden

Im ersten Schritt gilt es, deine Zielgruppe genau anzusprechen. Denn das erste was jemand tut, wenn er oder sie eine Website besucht, ist folgendes: Er oder sie versucht festzustellen, ob er oder sie hier richtig ist.

Wenn deine Besucher und Besucherinnen also nicht sofort verstehen, dass sie an der richtigen Stelle sind, klicken sie die Seite weg.

Daher bietet es sich an, ganz oben auf der Opt-In-Page deine Zielkunden/-innen direkt anzusprechen.

Beispiele:

- Das hier ist für alle vielbeschäftigten Mütter
- Das hier ist für dich, wenn der Stress dich auffrisst
- Introvertiert? Dann bist du hier richtig
- Ist Ihre Familie reif fürs Leben auf dem Land?
- Essen Sie immer wieder zu viel?
- Unternehmer/-innen aufgepasst!
- Gestresste Führungskräfte aufgepasst!
- Nur für Unternehmer/-innen, die noch mehr delegieren wollen

Du solltest an dieser Stelle also entweder deine Zielkunden und Zielkundinnen gezielt benennen oder einen Satz formulieren, von dem sich deine Zielkunden und Zielkundinnen auf Anhieb angesprochen fühlen und zu sich selbst sagen ‚Ja, das trifft auf mich zu'!

Dieser Satz erscheint in kleinerer Schrift oberhalb der Hauptüberschrift.

## (Haupt-)Überschrift

Genau wie bei deinen Blogbeiträgen ist auch bei deiner Opt-In-Seite die Überschrift enorm wichtig. Denn diese Überschrift 'verkauft', ob sich deine Website-Besucher/-innen für deinen Lead Magnet interessiert.

Gut sind Überschriften immer dann, wenn sie deine Zielkunden und Zielkundinnen direkt ansprechen, Neugierde wecken, einen konkreten Schmerzpunkt deiner Zielkunden/-innen ansprechen, einen Vorteil oder Benefit versprechen und somit Interesse wecken.

Noch dazu kannst du Reizwörter verwenden wie: ultimativ, Fehler, Geheimnis, jetzt, neu, sofort, magisch, Zauber, Liebe, Gift, Nie, Hass oder Gewinn.

Einige Beispiele:

- So erreichst du (Resultat) ohne (Schmerzen).
- Die x besten/schnellsten Wege, um y zu erreichen.
- Das wichtigste x, mit dem Sie Y innerhalb von z endlich bekommen.
- Die XYZ-Schnellstart-Anleitung: Wie Sie in x Stunden y erreichen.

## Unterüberschrift

Die Unterüberschrift gibt kein zusätzliches Versprechen deiner Überschrift, sondern vertieft es noch. Sie ist nicht immer notwendig, aber gut, um dein Versprechen zu verstärken.

Beispiele hierfür wären:

- Entdecke, wie schnell du (gewünschtes Ergebnis) erreichst.
- Erfahre, wie einfach du (gewünschtes Ergebnis) schaffst.
- Auch du kannst in (Zeitrahmen) zum (gewünschtes Ergebnis) kommen.
- Wie (beeindruckende Zahl/Prozentzahl) (gewünschtes Ergebnis) in (Zeitrahmen) geschafft haben.
- Ein einfacher Weg, um (gewünschtes Ergebnis) zu erreichen, auch wenn du (bestimmte Herausforderung) hast/bist.
- Was wirklich jeder über ... wissen sollte.
- Wenige bekannte Wege, um (gewünschtes Ergebnis) zu erreichen.
- Lerne, wie du (gewünschtes Ergebnis) erreichst, ohne (etwas Geliebtes) zu verlieren.

## Vorteile/Bulletpoints

Im nächsten Schritt gilt es auf deiner Opt-In-Page die Frage deiner Zielkunden und Zielkundinnen zu beantworten nach dem ‚was ist für mich drin, wenn ich das tue?' Und das tust du am besten über Bulletpoints.

Bulletpoints, also Aufzählungen, haben den Vorteil, dass sie

- leicht zu lesen sind,
- dem Text Struktur geben und du damit die Chance hast,
- die Vorteile deines Lead Magnets übersichtlich darzustellen.

Bitte beachte, dass es sich bei den Vorteilen nicht um die Features deines Lead Magnets handelt. Es geht also nicht um die Anzahl der Seiten oder die Dauer des Videos. Es geht darum, was bei deinen Zielkunden und Zielkundinnen hinterher besser ist, wenn sie deinen Lead Magnet konsumiert haben.

## Visualisierung und Call to Action

Jede gute Opt-In-Page zeigt eine ansprechende Visualisierung dessen, was als Lead Magnet angeboten wird. Also bspw. ein Buch Cover oder eine visualisierte Checkliste. Opt-In-Pages mit solchen Visualisierungen sind effizienter und liefern mehr Abonnenten und Abonnentinnen als ohne Visualisierung. Eine solche Visualisierung kannst du mit Boxshot4 erstellen oder bei Fiverr beauftragen.

Zudem ist der Call to Action extrem wichtig. Du sagst deinen Besuchern und Besucherinnen dort ganz genau, was sie tun sollen. Nutze also an der Stelle klare Ansagen: "Jetzt herunterladen", "Jetzt anmelden", "Ja, ich will die Checkliste", "Sofort gratis anmelden", "Klicke hier und starte den Download" – sind gute Formulierungen.

## Testimonials/Referenzen

Wenn du bereits welche hast, kommen auch Testimonials oder Referenzen auf Opt-In-Pages immer sehr gut. Das können nicht nur Referenzen von Kunden oder Kundinnen sein, sondern auch die Anzahl der Fans deiner Facebook-Page oder Logos von Medien, in denen du bereits erschienen bist.

## Datenschutz

Jede Landingpage muss zudem Impressum und Datenschutzerklärung enthalten. Das ist rechtlich vorgeschrieben. Stelle zudem sicher, dass du darauf hinweist, dass sich deine Interessenten und Interessentinnen jederzeit wieder von deinem E-Mail-Marketing abmelden können.

---

# Landingpages erstellen

Für perfekte Landingpages und die Opt-In Formulare kannst du ein Plug-In wie **Thrive Architect** (**https://coaching-business-mastery.de/thrivearchitect**) verwenden, das sehr günstig ist (Vorsicht: nur für Wordpress-Websites). Alternativ empfehle ich **Leadpages** (**https://coaching-business-mastery.de/leadpages**).

Im Unterschied zu **Thrive Architect** handelt es sich bei **Leadpages** um ein von deiner Website unabhängiges Tool, das du entweder separat nutzen kannst, also bspw. auch ohne Website oder einsetzen kannst, wenn du bereits eine Website hast, diese jedoch nicht auf Wordpress läuft.

Mit **Leadpages** kannst du Landingpages erstellen, die völlig losgelöst von deiner Website im Netz stehen.

Sowohl Thrive als auch Leadpages bieten einen Fundus an Schulungsvideos an, die dir zeigen, wie du Landingpages erstellst.

Wenn du dabei Hilfe benötigst oder dir gut und günstig eine Website erstellen lassen willst, mit der du Landingpages im Handumdrehen baust, empfehle ich dir das Angebot von **Patrick Ott.** Er kennt die Anforderungen von Coaches sehr genau und baut dir eine Website, die du schnell und einfach erweitern kannst und dir jederzeit die notwendige Flexibilität gibt (**https://www.fitbiz-media.de/kontakt/**).

---

# Die besten E-Mail Marketing Systeme für Coaches

Wenn es um E-Mail-Marketing geht, solltest du auf ein professionelles System setzen und nicht mit einem kostenlosen Anbieter starten. Das System muss leistungsfähig sein, denn es geht hier um nicht weniger als deine Zielkunden und Zielkundinnen, also die Menschen, denen du dein Coaching verkaufen willst. Deine Liste ist einer der zentralen Erfolgsfaktoren in deinem Business.

Auch im Hinblick auf die Datenschutzgrundverordnung ist ein professionelles System notwendig, das dir den Abschluss einer Auftragsdatenverarbeitungsvereinbarung ermöglicht.

Das aktuell beste System auf dem Markt ist Klick Tipp. Als Einsteiger/-in kannst du den kleinsten Tarif nutzen. **Hier** gibt es ein sehr interessantes Webinar zu den Vorteilen von **Klick Tipp**: **https://coaching-business-mastery.de/klicktipp**

Anders als die meisten auf dem Markt erhältlichen E-Mail Marketing Systeme ist **Klick Tipp** nicht listenbasiert, sondern Tag-basiert. Statt neue Anmelder/-innen in Listen zu sortieren, vergibt Klick Tipp ihnen einen sogenannten Tag. Diesen kannst du dir vorstellen wie einen kleinen Notizzettel, der an deinem Kontakt dran heftet. Du kannst mit diesen Tags viel besser sortieren, wer welche E-Mails von dir bekommt.

Am besten verdeutlicht sich die Funktionsweise von Klick Tipp anhand eines Beispiels: Nimm an, du hast ein listenbasiertes System und zwei Lead Magnete erstellt. Somit hast du auch zwei Listen angelegt. Eine mit den Abonnenten/-innen des ersten Lead

Magnets und eine mit den Abonnenten/-innen des zweiten Lead Magnets. Nach dem jeweils folgenden Autoresponder melden sich einige aus jeder Liste zum Erstgespräch bei dir an. Du gewinnst erste Kunden, aber nicht alle, mit denen du gesprochen hast, schließen auf Anhieb einen Coaching-Vertrag mit dir ab. Einige Tage später willst du all jenen, mit denen du gesprochen hast, die aber noch nicht deine Kunden/-innen sind, nochmals schreiben und sie dazu motivieren, sich für die Zusammenarbeit zu entscheiden. Da diese Personen aus zwei unterschiedlichen Listen kommen, müsstest du dir manuell eine weitere Liste anlegen. Das ist sehr umständlich und dauert. Solchen Sortieraktionen beugst du mit Klick Tipp vor, denn aufgrund der Tags kannst du jederzeit deine Liste zielführend segmentieren.

Mit **Klick Tipp** ist es zudem sehr leicht, Autoresponder - die heißen bei Klick Tipp "Kampagnen" - einzurichten. Denn wie du bereits erfahren hast, ist unser Ziel, nach der Lieferung deines Lead Magnets, eine automatisierte E-Mail-Kampagne zu versenden, die das Vertrauen zu deinen neuen Abonnenten und Abonnentinnen aufbaut und ihnen am Ende ein Erstgespräch anbietet.

# Kapitel 4: Content Marketing - das Vertrauen vergrößern

Warum ist Content Marketing gerade für Coaches so wichtig? Weil wir alle nicht von schleimigen Kauf-Mich-Botschaften überschüttet werden wollen. Zudem sind für den erfolgreichen Akquise-Prozess für Coachings mehrere Kontakte notwendig, damit das notwendige Vertrauen vorhanden ist, um mit dir zu arbeiten. Content Marketing spricht durch informierende, beratende und unterhaltende Inhalte deine Zielkunden und Zielkundinnen an, um sie von der Zusammenarbeit mit dir zu überzeugen.

Deine Zielkunden und Zielkundinnen wollen nämlich mit einem/einer Coach arbeiten, der ihre Werte teilt, für etwas Größeres steht und dem sie vertrauen. Dieses Vertrauen wird durch Content Marketing Schritt für Schritt größer. Voraussetzung dafür ist, dass du dein Content Marketing richtig organisierst. Mach also bitte nicht den Fehler, Videos in deinem Youtube Kanal, Podcasts auf iTunes oder Infografiken über die Dropbox zu verteilen! Dein Ziel ist es, durch deinen Content auf deinem Blog Kaufinteressenten/-innen auf deine Website zu ziehen. Dazu nutzt du Social Media Kanäle, um dieses Vorhaben zu unterstützen und nicht das Gegenteil zu bewirken.

Wie deine Social Media Aktivitäten dein Content Marketing unterstützen und wie deine Online Marketing Aktivitäten zusammenspielen, damit du am Ende Kunden gewinnst, siehst du im **Online-Marketing-Starterplan**, den du dir hier herunterladen kannst: **www.coaching-business-mastery.de/starterplan**

## Welche Art von Content ist für dich sinnvoll?

Deine Inhalte kannst du über mehrere Methoden an deine Zielkunden und Zielkundinnen verteilen. Wenn du jemand bist, der gerne schreibt, bieten sich regelmäßige Blogbeiträge an. Das Bloggen ist oftmals der einfache Einstieg in dein Content Marketing. Schreiben kannst du schließlich jederzeit. Dafür brauchst du nichts weiter als deinen Computer und deine Kreativität.

Mehr Aufmerksamkeit für deine Inhalte erhältst du jedoch, wenn du stattdessen Videos drehst oder einen Podcast aufnimmst. Dabei müssen weder deine Videos noch deine Podcasts sehr lange sein. Im Gegenteil. Alle Inhalte, die du an deine Zielkunden und Zielkundinnen richtest, sollten jeweils so lang wie nötig und so kurz wie möglich sein.

### Was du für ansprechende Videos brauchst

Bevor du mit dem Dreh von ersten Videos startest, darfst du dich von der oftmals vorherrschenden Meinung trennen, dass ein Video immer so professionell sein muss wie ein Hollywood Film. Selbstverständlich darfst du für ausreichende Beleuchtung und Tonqualität sorgen. Dennoch darfst du auf Video auch einfach authentisch sein.

Videos haben den großen Vorteil, dass du damit das Vertrauen zu deiner Zielkundschaft viel schneller aufbauen kannst. Deine Zuschauer und Zuschauerinnen erleben dich mehrdimensional und können viel schneller entscheiden, ob du für sie sympathisch und kompetent bist. Natürlich ist nicht jeder für Videos geboren. Dennoch sind viele überrascht, wie gut sie in einem Video wirken. Wichtig ist, es einfach mal auszuprobieren. Denn wer nicht startet, kann auch nicht besser werden.

Um regelmäßig Videos zu veröffentlichen, brauchst du zudem heute kein Filmstudio mehr. Eine Handykamera, ein Fotografen-

Beleuchtungsmittel wie beispielsweise eine Softbox für wenige Euro und ein Mikrofon reichen aus, um Videos zu produzieren, die für den Start absolut ausreichend sind. Wenn du dich damit wohler fühlst, darfst du selbstverständlich auch ins Studio gehen (meine Empfehlung: **https://www.myimagefilm.com/**). Aber bitte beachte, dass es nicht mit der Produktion eines einzigen Videos getan ist und du dazu ein entsprechendes Budget brauchst, auch wenn es mittlerweile sehr günstige Angebote gibt. **Hier** findest du Empfehlungen für das notwendige Equipment: **https://business-celebrity.com/tools**

## Ein eigener Podcast

Wenn du dir überhaupt nicht vorstellen kannst, vor die Kamera zu treten, ist ein Podcast eine hervorragende Alternative. Gerade wenn Menschen zu deinen Zielkunden und Zielkundinnen gehören, die viel unterwegs sind. In vielen neueren Automodellen sind mittlerweile Podcast-Apps bereits vorinstalliert, so dass es immer einfacher wird, Podcasts zu abonnieren und unterwegs anzuhören.

Für gute Podcast Aufnahmen brauchst du eine Software wie beispielsweise Audacity (kostenlos - einfach googeln). Du kannst dich entscheiden, den Podcast selbst hinsichtlich Tonqualität und Schnitt zu verbessern oder das von guten und günstigen Dienstleistern machen lassen. Ich vertraue dabei auf Andreas Möller von LaVida. Er sorgt dafür, dass mein Coaching Business Mastery Podcast nicht nur gut anzuhören ist, sondern auch auf allen wichtigen Plattformen wie iTunes, Spotify und Stitcher verbreitet wird.

Über das Plug-In **Simple Podcast Press** kannst du die Podcast Folgen zudem automatisch auf deiner Webseite veröffentlichen und es deinen Besuchern über den Podcast-Player ermöglichen, die Folgen dort anzuhören, anstatt auf iTunes oder Spotify. Hier kannst du dir die Vorteile und Features von Simple Podcast Press anschauen: **https://coaching-business-mastery.de/simplepodcastpress**

Es gibt zudem gute **Podcast Online Kurse**, beispielsweise von den Machern des Digitalen Nomaden Podcasts Sascha Boampong und Timo Eckhardt, der sehr gut und sehr günstig ist (1 Euro im ersten

Monat). Hier erfährst du mehr darüber: **https://coaching-business-mastery.de/podcastkurs**

---

## Wie du Inhalte findest, die deine Zielkunden und Zielkundinnen interessieren

Vorab nochmals: Deine Beiträge für deine Website, bzw. genauer für deinen Blog auf deiner Website, müssen nicht allein aus Text bestehen. Gerne sorgst du für möglichst viel Abwechslung. Beiträge können aus Text (am besten immer mit passendem Bildmaterial), Videos, Podcasts oder beispielsweise auch aus Infografiken bestehen.

Dein Blog ist wie gesagt der Ort, wo du deine Persönlichkeit und die Menschlichkeit hinter deinem Business zeigst. Dort stellst du deine Ansichten, deine Werte, deine Persönlichkeit und die Philosophie deines Coaching-Business dar. Im Blog erfahren deine Leser/-innen für was du stehst und das für was du stehst, sollte für deine Zielkunden/-innen selbstverständlich attraktiv sein.

Wenn es also um die Ideenfindung für deine Beiträge geht, überlege dir, welchen Nutzen du deinen Zielkunden und Zielkundinnen bringst. Was ist für deine Zielkunden und Zielkundinnen an deinem Coaching Thema interessant und wertvoll? Geht es bei dir vor allem darum, die Berufung zu finden? Oder den nächsten Karriereschritt zu machen? Oder den Sinn des Lebens nach der Midlife-Crisis wieder zu finden? Nicht mehr fremdbestimmt zu sein? Endlich wirklich zu leben? Das eigenen Business zu verändern oder zum Wachsen zu bringen? Die Mitarbeiter zu motivieren?

Du merkst: Hier geht es um deine Coaching-Nische, also das Thema, das du vorrangig in deinen Coachings behandelst.

Überlege dazu, welche Fragen dir zu deinem Thema bereits gestellt wurden und recherchiere, welche Fragen online oft gestellt werden. Dazu kannst du ein Tool nutzen wie Answerthepublic.com (einfach googeln, drei Anfragen pro Tag sind kostenfrei). Wenn du dort ein Stichwort eingibst wie beispielsweise ‘Stress’, erhältst du viele

Fragen, die Menschen in Suchmaschinen eingeben und somit wertvolle Hinweise, was für deine Zielkunden und Zielkundinnen interessant ist.

## Weitere Themen

**Deine Philosophie:** Warum tust du, was du tust? Was ist dir wichtig? Warum bietest du genau dieses Coaching an? Warum hast du dich für dieses Business entschieden? Warum liebst du dein Business? Was wünschst du dir für die Zukunft deines Business und deiner Kunden und Kundinnen?

Jede dieser Fragen ist für einen eigenen Beitrag gut und hilft dir dabei, Bekanntheit, Beliebtheit und Vertrauen aufzubauen! Je mehr deine Zielkunden und Zielkundinnen dich kennen und dir vertrauen, desto wahrscheinlicher werden sie auch deine Kunden/-innen!

**Expertise:** Mit deinem Blog zeigst du, dass du Experte oder Expertin in deiner Nische bist, also berichtest du dort natürlich auch über Presseberichte oder Presse-Erwähnungen, Auszeichnungen, Seminare und Weiterbildungen, die du machst, stellst Arbeitsproben und Showcases vor, zeigst Referenzen und vieles mehr.

**Weitere interessante Themen:** Selbstverständlich muss es sich in deinem Blog nicht nur um dein Business drehen. Tatsächlich ist es empfehlenswert, ab und an auch mal eine Nettigkeit zu posten. Dazu gehören Feiertagsgrüße (verbunden mit einer Geschichte dazu, was diese Feiertage für dich bedeuten, bzw. wie du sie verbringst) oder auch Kommentare zu wichtigen gesellschaftlichen Events (Politik vielleicht lieber nicht, aber auf jeden Fall Sport-Events, bekannte regionale Feste etc.).

Recherchiere gerne andere Blogs mit ähnlichen Schwerpunkten, um zu sehen, welche Themen dort gespielt werden. Schau in Foren und in sozialen Netzwerken, für was sich deine Zielkunden und Zielkundinnen interessieren, was sie fragen, welche Befürchtungen sie haben und biete über deinen Blog deine Hilfe an.

**Selbstvermarktung** ist auf deinem Blog natürlich ebenfalls erlaubt! Welchen besonderen Service bietest du deinen Kunden und Kundinnen? Wodurch unterscheidest du dich von deinen Wettbewerbern und Wettbewerberinnen? Was macht die Branche immer ähnlich, du aber ganz anders? Welche Ansichten hast du, die den gängigen Meinungen widersprechen?

# Kapitel 5: Traffic durch bezahlte Anzeigenschaltung

Für Coaches kann bezahlte Anzeigenschaltung online auf Google (Google Adverts) und/oder Facebook Sinn machen. Wichtig ist zu verstehen, wie beide Plattformen funktionieren und für wen welche Plattform geeignet ist.

Facebook ist vor allem für B2C Coaches (Business-to-consumer, also selbstzahlende Kunden/-innen) sinnvoll. Zudem erreichst du dort Einzelunternehmer/-innen und Leiter-/innen kleinerer Unternehmen. Wenn es dein Ziel ist KMUs (kleine und mittelständische Unternehmen), Führungskräfte, Personaler/-innen oder Ansprechpartner/-innen in größeren Konzernen anzusprechen, solltest du auf Facebook verzichten. Diese erreichst du besser über Plattformen wie LinkedIn. Auch dort ist eine Anzeigenschaltung möglich.

Auf Google kann es für dich Sinn machen, eine Anzeige auf ein Keyword zu schalten, das deiner Coaching-Nische entspricht (beispielsweise Business Coaching oder Führungskräfte-Coaching) und deinen Standort enthält. Sollte also jemand danach suchen, würdest du eingeblendet werden. Beachte jedoch bitte, wie hoch das Gebot pro Klick sein muss und wie viel Konkurrenz du hast. Google Anzeigen sind eine Möglichkeit, um bei Suchanfragen, die auf Google gestellt werden, angezeigt zu werden.

Bei einigen Coaches sind daraus bereits Aufträge entstanden, bei vielen anderen nicht. Mein Rat ist daher, eine Anzeigenschaltung für einige Monate auszuprobieren und zu schauen, ob du dadurch Anfragen erhältst.

Um die Google Anzeige aufzusetzen, meldest du dich am besten bei Google Adverts selbst und lässt dich dabei unterstützen. Auf der Google Adverts Webseite gibt es dazu eine Hotline. Einmal eingerichtet, kannst du die Anzeige dann einfach laufen lassen.

Anzeigenschaltung auf Facebook funktioniert nach einem anderen Prinzip. Anstatt auf Suchanfragen zu reagieren, ist Facebook großartig, um eine Nachfrage zu schaffen. Das ist gerade für Coachings hervorragend. Schließlich ist Coaching immer noch ein Luxusprodukt und nicht jeder potenzielle Kunde oder jede potenzielle Kundin hat bereits auf dem Schirm, dass er oder sie die aktuell größte Herausforderung auch durch ein Coaching lösen könnte.

Auf Facebook bringt eine Anzeigenschaltung mit der Kernaussage 'Buche mein Coaching' oder 'Melde dich zum kostenlosen Erstgespräch' jedoch nichts. Diese Werbebotschaft ist zu direkt. Das wäre als würdest du deiner neuen Flamme bereits beim ersten Date einen Heiratsantrag machen. Menschen wollen zunächst wissen, mit wem sie es zu tun haben, bevor sie kaufen. Das gilt im Coaching umso mehr, da Coaching eine sehr persönliche Dienstleistung ist, bei der dein Coachee sicher sein muss, dass er oder sie den richtigen Coach gewählt hat.

Facebook ist ein soziales Medium, auf der die Nutzer/-innen vor allem aus privaten Gründen sind. Sie wollen dort nicht mit 'platten' Werbebotschaften überhäuft werden. Zudem kommt hinzu, dass du Coaching nicht über eine solch direkte Aussage verkaufst, da zum einen der Vertrauensaufbau fehlt und es zum anderen viel zu viele vergleichbare Anbieter/-innen gibt, so dass du maximal über den Preis einen Unterschied machen könntest, wovon ich dir abraten würde. Coaches, die ihre Arbeit für einen Mini-Stundensatz anbieten, gibt es viel zu viele.

Was auf Facebook funktioniert ist, die Zielgruppe in deinen 'Verkaufskanal' (Funnel) zu ziehen. Dein kleinstmöglicher 'Verkaufskanal' ist dabei dein Lead Magnet mit deinem Autoresponder dahinter, wie du ihn bereits in Kapitel 3 kennen gelernt hast.

Hier nochmals im Überblick, wie dieser Verkaufskanal aussieht:

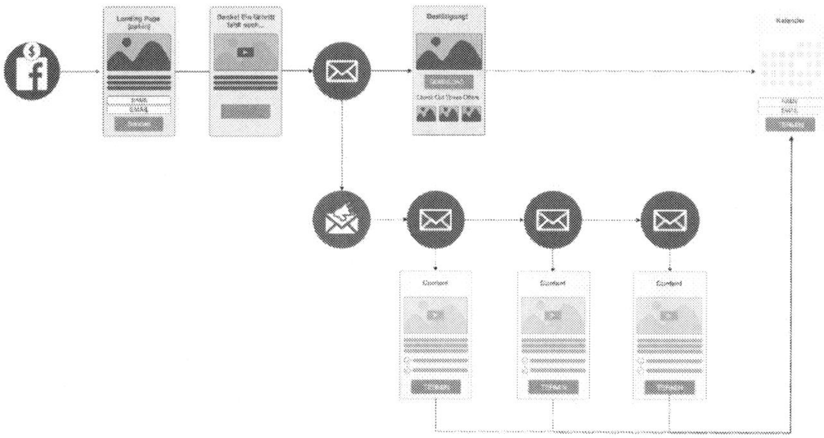

Auf deiner Landingpage können sich deine Interessenten und Interessentinnen per Double-Opt-In für deinen Lead Magneten anmelden. Danach löst sich entweder eine automatisierte E-Mail-Kampagne aus oder du versorgst sie manuell regelmäßig mit Content bis du dann am Ende zum Erstgespräch einlädst.

Mit bezahlter Anzeigenschaltung kannst du nun deinen Lead Magneten, also den Einstieg in diesen Verkaufskanal bewerben und somit dafür sorgen, dass mehr und mehr Menschen aus deiner Zielkundschaft diesen durchlaufen.

Du sammelst mit Facebook Anzeigen also 'Leads' ein - Interessenten-Kontakte, zu denen du nachfolgend das Vertrauen aufbauen kannst, um sie am Ende davon zu überzeugen, mit dir zu arbeiten. Die Anzeigenschaltung ist also ein hervorragender Weg, um deine E-Mail Liste aufzubauen. Eine große E-Mail Liste zu haben mit Menschen, die sich für dein Coaching-Thema interessieren, ist für die meisten Coaches die Garantie, sich nie wieder Gedanken darum zu machen, woher weitere Kunden und Kundinnen kommen.

# Besonderheiten der Anzeigenschaltung bei Facebook

Die Möglichkeiten der Anzeigenschaltung auf Facebook sind vielfältig. Daher ist es in den meisten Fällen ratsam, dir professionelle Unterstützung dabei zu sichern. Dennoch ein paar Besonderheiten, die du unbedingt beachten solltest.

Der Umgangston auf Facebook ist locker, daher solltest du auch in deinen Anzeigentexten nicht zu förmlich wirken. Zudem sind vor allem das Anzeigenfoto oder das Video von entscheidender Bedeutung. Damit solltest du hervorstechen und Aufmerksamkeit erregen. Dennoch sollte sich das Design der Anzeige auch im Design der Landingpage, auf die du die Interessenten und Interessentinnen leitest, widerspiegeln. Für den Start funktionieren am besten Fotos von dir selbst, die nicht zu sehr gestellt aussehen. Menschen interagieren mit Menschen und gerade auf Facebook müssen die nicht wie Top-Models aussehen.

Was die Platzierung der Anzeigen angeht, funktionieren für Coaches immer noch am besten die Desktop-Platzierung und die Optimierung für Mobilgeräte. Die Platzierungsmöglichkeiten auf Facebook ändern sich immer mal wieder so dass es sinnvoll ist, über Neuerungen bei Facebook Anzeigen auf dem Laufenden zu bleiben. Wenn du deine Ziele mit den Zielen von Facebook in Einklang bringen kannst, ist das die beste Voraussetzung für viele Leads zu günstigen Preisen.

Vor kurzem hat Facebook beispielsweise kommuniziert, dass sie auf mehr Video Content setzen. Somit war nicht schwer zu erkennen, dass Facebook Live Videos genauso wie Video Anzeigen auf Facebook eine größere Reichweite und somit auch einen größeren Erfolg erzielen würden. Denn Facebook selbst war daran gelegen, diese Inhalts-Formen zu fördern.

Bei der ersten Anzeigenschaltung auf Facebook stellt sich für viele zudem die Frage nach der Zielgruppe und wo diese zu finden ist. Facebook hat ein ausgefeiltes System, um über die Zeit immer genauer festzustellen, wer sich für dein Coaching interessiert. Wenn du bereits auf Facebook aktiv bist und eine Facebook-Seite betreibst, kannst du beispielsweise deine eigenen Fans bewerben. Das wäre eine deiner 'Custom Audiences' - also eine auf dich 'maßgeschneiderte' Zielgruppe, da diese Menschen durch ihr 'Like' auf deiner Facebook-Seite bereits signalisiert haben, dass sie sich für dich und dein Coaching interessieren.

Es macht Sinn, deine eigenen Fans auf Facebook über Anzeigenschaltung in deinen E-Mail Verteiler zu ziehen, da du somit sicherstellen kannst, dass auch wirklich jeder deiner Fans deine Botschaften per E-Mail erhält. Facebook spielt deine Posts auf deiner Facebook-Seite nur einem kleinen Anteil deiner Fans aus. Nur wenn viel Interaktion mit deinen Posts erfolgt, sorgt Facebook dafür, dass noch weitere deiner Fans diesen Post sehen. Wenn keine Interaktion erfolgt, sehen gegebenenfalls nur wenige deiner Fans diese Info.

Im nächsten Schritt ermöglicht Facebook es dir, Menschen mit deiner Anzeige anzusprechen, die deinen Fans auf Facebook entsprechen. Facebook ist also in der Lage, Menschen anzusprechen, die deinen eigenen Fans sehr ähneln. Das wäre eine so genannte 'Lookalike Audience', also eine Zielgruppe, die einer anderen Zielgruppe ähnelt. So hilft dir Facebook dabei, eine Zielgruppe anzusprechen, die sich wahrscheinlich ebenfalls für dein Coaching interessiert.

Wenn du noch keine Facebook-Seite und somit noch keine Fans hast, setzt du bei der Anzeigenschaltung zunächst entweder auf demografische Angaben und/oder auf Interessen. Um überhaupt eine Anzeige schalten zu können, legst du dazu zunächst eine Facebook-Seite an, damit du ein Werbekonto erhältst.

Dann überlegst du, welche demografischen Merkmale und Interessen deine Zielkunden und Zielkundinnen haben und schaust, ob diese auf Facebook verfügbar sind.

Gerade die Interessen sind dabei interessant. Wenn du beispielsweise Erfolgs- oder Motivations-Coach bist, könntest du eine Anzeige schalten, die die Fans von Anthony Robbins anspricht. Du kannst auf Facebook nämlich auch die Fans gewisser Seiten (eben der von Anthony Robbins) als Ziel aussuchen und dann auswählen, dass du beispielsweise nur die ansprechen willst, die deutsch sprechen oder in einer bestimmten Region wohnen. Leider funktioniert dieses System für viele deutschsprachige Facebook-Seiten und deren Fans nicht, aber in den allermeisten Fällen für die Fans von amerikanischen Coaches und Experten.

## Wichtigste Voraussetzung für den Erfolg

Die wichtigste Voraussetzung, um deine Anzeigenschaltung auf Facebook zum Erfolg zu machen, ist jedoch, nicht direkt mit der 'Kauf-Mich-Botschaft' ins Haus zu fallen, sondern das Vertrauen eben über deinen 'Funnel' langsam aufzubauen, bevor es zum Erstgespräch kommt.

Das kannst du - wie bereits beschrieben - über deinen Lead Magneten und den nachfolgenden Autoresponder tun. Alternativ kannst du auch ein Webinar bewerben oder zu einer Facebook-Challenge einladen. Wie diese 'Funnel' aussehen, erfährst du in Kapitel 12.

# Kapitel 6: Sichtbarkeit steigern über Online-PR

Das perfekte Online Marketing Konzept für Coaches enthält immer auch die Steigerung der eigenen Sichtbarkeit und Bekanntheit. Denn ein Coaching-Business ist immer auch ein Experten-Business. Schon allein deshalb weil es so viele Coaches gibt, die ähnliche Leistungen anbieten, ist es wichtig, über die Bekanntheit und Sichtbarkeit einen Unterschied zu machen.

Je mehr Bekanntheit und Sichtbarkeit vorhanden ist, umso schneller baut deine Zielkundschaft vertrauen zu dir auf. Je öfters wir jemanden sehen, umso mehr sprechen wir ihm oder ihr Kompetenz und Expertenstatus zu. Das funktioniert umso mehr, je mehr dieser Expertenstatus durch unabhängig Medien bestätigt wird.

Für Coaches ist es jedoch nicht sehr einfach mit ihrem Business in den traditionellen Medien erwähnt zu werden. Ein Bericht in der Regionalzeitung nach der Gründung ist da bereits eine Ausnahme. In den traditionellen Medien (Print, Radio, TV) erwähnt zu werden, funktioniert für die meisten Coaches nur über Geschichten zu ihrer eigenen Person.

Die eigene Expertise oder das eigene Erfahrungswissen lässt sich leichter in Gastbeiträgen oder Interviews bei Online Plattformen und in Podcasts platzieren. Diese Medien sind oftmals dankbar für neuen spannenden Content und haben kein Platzproblem oder das Problem begrenzter Sendedauer. Die Online Medien haben den traditionellen Medien zudem voraus, dass die Inhalte dauerhaft verfügbar sind. Ein gut angenommener Gastbeitrag in einem gut besuchten Portal führt bei einigen Coaches zu regelmäßiger Lead-Gewinnung.

Die besten Möglichkeiten für Coaches, um schnell und gezielt online bekannt zu werden, sind dabei Gastbeiträge und Podcast/Video-Interviews.

Wie Gastbeiträge und Podcast Interviews in deinem Online Marketing zu mehr Kunden führen, siehst du im Überblick auf dem Online-Marketing-Starterplan, den du dir hier kostenlos herunterladen kannst: **www.coaching-business-mastery.de/starterplan**

Du kannst auch einfach die Foto-App deines Smartphones über diesen QR-Code halten und gelangst direkt zum Starterplan.

---

## Gastbeiträge

Ob es uns bewusst ist oder nicht: Die meisten von uns lesen täglich Artikel auf Websites oder Blogs, sei es durch Verlinkungen in von uns abonnierten Newslettern, durch Empfehlungen anderer in sozialen Netzwerken oder durch unseren täglichen Newsfeed bei welchem Medium auch immer.

Fakt ist: Die gerne besuchten Websites und Blogs, an denen so gut wie niemand in deiner Nische vorbei kommt, sind aber auch immer auf der Suche nach großartigem Content. Denn anders als in den traditionellen Medien ist Platz hier keine Mangelware.

Mit einem Gastbeitrag nutzt du die Tatsache dass jemand anders bereits für das Publikum gesorgt hat. Mit jedem Gastbeitrag kannst du zudem dein Ranking bei Google weiter verbessern, Leser auf deine Webseite und in deinen E-Mail Verteiler ziehen und dich als Experte oder Expertin positionieren. Du betreibst damit kostenloses Eigenmarketing, das länger anhält als ein einmaliger Artikel in der Tageszeitung.

Um für dich attraktive Blogs und Portale zu finden, auf denen du veröffentlichen kannst, nutzt du Blog Verzeichnisse wie bloggerei.de oder trusted-blogs.com (einfach googeln).
Für Coaches immer spannend sind Blogs und Portale wie 30tausend.de, lebeblog.de, leben-ohne-limit.com, mymonk.de und persönlichkeits-blog.de.

Über alexa.com kannst du zudem überprüfen, wie beliebt und gut besucht der Blog ist, für den du schreiben möchtest. Meist findest du auf der Webseite des Blogs selbst Informationen dazu, welche Voraussetzungen du erfüllen darfst, um einen Gastbeitrag dort zu veröffentlichen.

Um einen Gastbeitrag anzufragen, überlegst du dir zunächst ein Thema, über das du schreiben könntest und das zu dem Blog bzw. dem Portal passt und machst zunächst einen Themenvorschlag. Erst wenn dieser Themenvorschlag angenommen wird, fängst du an mit dem Schreiben.

Zu jedem Gastbeitrag reichst du dein Profil ein. Je nach Portal oder Blog kannst du auch im Blog zu deiner Webseite oder bspw. deinem Lead Magneten verlinken. Überprüfe, was möglich ist und nutze diese Möglichkeiten aus.

## Podcasts Interviews

Ein Interview in einem Podcast ist genauso wie ein Gastbeitrag eine hervorragende Möglichkeit, deine Expertise in anderen Medien darzustellen und somit deinen Expertenstatus zu bestätigen.

Irgendjemand da draußen ist gerade jetzt auf der Suche nach Informationen für eine Geschichte, ein Feature oder einen Artikel, die du liefern kannst. Die Vorteile eines Interviews liegen auf jeden Fall klar auf der Hand:

- Du nutzt wieder die Tatsache, dass jemand anderes das Publikum aufgebaut hat.
- Du kannst dich auf den Inhalt konzentrieren, die Verteilung wird erledigt.
- Google findet weitere Suchergebnisse zu dir.
- Die Leser/Zuschauer werden neugierig auf dich und besuchen deine Website.
- Ein Interview ist eine kostenlose Werbeaktion.
- Du unterstreichst deinen Expertenstatus.

Nach geeigneten Podcasts recherchieren kannst du über iTunes oder Verzeichnisse wie podcast.de, podster.de oder podlist.de. Du kannst dort die Podcasts jeweils nach Kategorien sortieren und somit herausfinden, wo du hinein passen würdest.

Wenn du dir eine Liste interessanter Podcasts zusammengestellt hast, schreib sie nicht einfach an, sondern hör dir einige Folgen an und überlege dir erneut ein Thema, das du jedem einzelnen Podcast ganz speziell anbieten kannst. Stelle klar, dass es deine Zielsetzung ist, dem Podcast Anbieter ein interessantes Thema zu bieten und nicht einfach nur als Interviewpartner Reichweite abzugreifen.

Frage dich dazu: Welche Frage treibt die Zielgruppe des Mediums um, die du beantworten kannst? Schaue in den Artikeln und Kommentaren, ob es Folgefragen zu bestimmten Themen gab, wo das Interesse besonders groß war und welche Folge zu welchem Thema viele Kommentare erhalten hat und/oder und oft geteilt wurde.

Oder hast du eine Antwort auf ein zuletzt heiß diskutiertes Thema oder vielleicht sogar eine gegensätzliche Position? Welche Art von Menschen wurden von diesem Medium bereits interviewt und wie ähneln oder unterscheiden sie sich von dir? Deine Anfrage sollte dann klarstellen, dass du Experte oder Expertin auf deinem Gebiet bist und beantworten, woher du den Podcast kennst und warum du ihn magst, wie man dich kontaktieren kann und natürlich deinen Themenvorschlag.

# Kapitel 7 Webinare

Webinare sind eine hervorragende Möglichkeit, dein Coaching vorzustellen, es als Lösung für die Herausforderung deines Zielkunden zu präsentieren und am Ende auch zu einem Erstgespräch einzuladen, um dein Coaching auch zu verkaufen.

Mit einem Webinar schlägst du zudem mehrere Fliegen mit einer Klappe: Zunächst kannst du Leads (Kontaktdaten deiner Interessenten und Interessentinnen) generieren, denn um sich für dein Webinar anzumelden, hinterlassen deine Interessenten und Interessentinnen ihre E-Mail Adresse im Anmeldeformular. Das funktioniert genauso über eine Landingpage wie bei der Anmeldung zu deinem Lead Magneten.

In der nachfolgenden Bestätigungs-E-Mail versendest du den Zugang zum Webinar Raum, sowie weitere wichtige Informationen, damit deine Interessenten und Interessentinnen auch tatsächlich teilnehmen können. Auf der Landingpage für die Webinar Anmeldung solltest du klarstellen, dass die Anmeldung auch gleichzeitig die Aufnahme in deinen E-Mail Verteiler bedeutet. Somit baust du deine E-Mail Liste weiter auf.

Mit der Teilnahme zeigen deine Interessenten und Interessentinnen, dass sie sich für dein Thema interessieren, bzw. genau die Herausforderung haben, die du mit deinem Coaching lösen kannst.

Webinare dauern in der Regel zwischen 60 und 90 Minuten und sind somit eine großartige Möglichkeit, dein Coaching vorzustellen. Wichtig ist dabei, dass du es als Lösung für die Herausforderung deiner Zielkunden und Zielkundinnen anbietest und nicht offen lässt, wann genau jemand dein Coaching braucht. Du hast also eine Stunde oder mehr, um Vertrauen zu deinen Teilnehmern und Teilnehmerinnen aufzubauen, zu beweisen, dass du weißt, wovon du sprichst und zu zeigen, wie dein Coaching das Leben deiner Zielkunden und Zielkundinnen besser macht. Dieses Momentum nutzt du aus, um am Ende ein weiterführendes Erstgespräch anzubieten, in dem du mit deinen Zielkunden und Zielkundinnen klärst, wie das Coaching genau abläuft und was es kostet.

## Weitere Vorteile von Webinaren

Wenn du dich bisher noch nicht an Webinare getraut hast, helfen sicherlich die folgenden Vorteile, um dich zum Ausprobieren zu bewegen.

Zeitersparnis: Auch wenn du zunächst nur 20 oder 30 Teilnehmer in dein Webinar bekommst, hast du die Möglichkeit, dein Coaching gleich mehreren Interessenten und Interessentinnen auf einmal zu erklären.

Ortsunabhängigkeit: Dein Webinar kannst du vom eigenen Schreibtisch aus starten. Zudem ist es egal, von wo aus sich deine Zielkunden und Zielkundinnen einloggen. Das gibt dir zeitgleich eine größere Reichweite. Bei Präsenz-Workshops oder Vorträgen bist du am Start oftmals auf deine Region begrenzt.

Wenig Vorbereitung: Selbstverständlich darfst du die Präsentation mit den Inhalten für dein Webinar ausarbeiten, dennoch brauchst du dich - anders als bei Präsenz-Workshops - nicht um Räumlichkeiten oder Catering kümmern.

Geringe Kosten und geringer Planungsaufwand: Webinar-Software (mein Favorit ist **Zoom.us**) ist günstig und du kannst jederzeit weitere Webinare planen und organisieren. Du brauchst dazu keinen monatelangen Vorlauf. Eine Bewerbungsphase von zwei Wochen reicht aus, um genügend Teilnehmer und Teilnehmerinnen zu akquirieren.

## Teilnehmer/innen gewinnen

Damit du möglichst viele Anmeldungen für dein Webinar erhältst, ist es wichtig, die Herausforderung deiner Zielkunden und Zielkundinnen genau zu kennen und zielgerichtet anzusprechen. Der Titel deines Webinars ist dabei sehr wichtig.

Ich bin ein großer Fan davon, beim Start mit Webinaren Teilnehmer und Teilnehmerinnen erst mal durch 'Handarbeit' zu gewinnen, anstatt sofort auf Anzeigenschaltung zu setzen. Somit überprüfst du ohne Budget-Einsatz, ob es Interesse am Thema deines Webinars gibt und ob deine Vorgehensweise im Webinar am Ende auch zu den gewünschten Erstgesprächen führt.

Ohne Budget-Einsatz kannst du dein Webinar jederzeit über die sozialen Medien verbreiten. Dabei postest du natürlich nicht nur einmal, sondern jeden Tag. Werde kreativ und überlege dir, wo du ansonsten noch über dein Webinar sprechen kannst. Gibt es Kooperationspartner/-innen, die dich unterstützen können und ihre eigene Community über dein Webinar informieren würden? Am Ende ist natürlich Anzeigenschaltung immer auch eine gute Möglichkeit.

# Kapitel 8 Online Konferenzen

Online Konferenzen sind im Grunde genommen eine Ansammlung von Video-Interviews mit Experten und Expertinnen, die du in einem bestimmten Zeitraum veröffentlichst. Als Organisator nutzt du dabei das Wissen anderer Experten und Expertinnen, um zu deinem Coaching-Thema Mehrwert zu geben und Interessenten-Kontakte, also Leads einzusammeln.

Konkret lädst du dir also bekannte Experten und Expertinnen zu deiner Konferenz ein und drehst ein Video-Interview mit ihnen, das du aufzeichnest. Sowohl du als auch die interviewten Experten und Expertinnen laden zu deiner Online Konferenz ein, denn sowohl du als auch die Experten und Expertinnen haben ein Interesse daran, dass möglichst viele Interessenten/-innen diese Interviews sehen.

Eine Online Konferenz mit vielen Experten und Expertinnen ist somit eine hervorragende Möglichkeit für dich, deinen E-Mail Verteiler schnell wachsen zu lassen mit Menschen, die sich für dein Thema interessieren.

Die Video-Interviews für deine Online-Konferenz können dabei in einem geschlossenen Mitgliederbereich stehen oder du lädst sie auf Vimeo hoch und versiehst sie mit einem Passwort, das nur die Konferenz-Teilnehmer/-innen bekommen. Auch eine einfache Landingpage für jedes Video ist in Ordnung. Den Link dazu versendest du dann ebenfalls nur an deine Teilnehmer/-innen.

Wichtig ist der Anmeldeprozess für deine Konferenz, denn die Kontaktdaten der Interessenten und Interessentinnen erhältst du selbstverständlich nur, wenn sie nicht öffentlich zugänglich ist. Für den Start ist es am einfachsten, die Videos aufzuzeichnen und über einen von dir festgelegten Zeitraum (bspw. drei Tage) zu veröffentlichen. Einige Online-Konferenzen finden mittlerweile auch live statt, was für den Start jedoch einiges an Aufwand bedeutet.

Auch wenn du als Gastgeber der Online-Konferenz 'nur' der Interviewer bist, gibt sie dir Expertenstatus, denn du umgibst dich mit möglichst einflussreichen Referenten und Referentinnen und hebst dich somit selbst auf deren Stufe.

Um deine Konferenz zum Erfolg zu machen, achtest du darauf, dass die Inhalte für viele Interessenten und Interessentinnen sehr wertvoll sind. Wenn du das erreichst, kannst du im Nachgang auch ein Konferenz-Paket verkaufen, beispielsweise mit allen Videos auf einen Blick, also ohne zeitlichen Verzug. Viele Interessenten und Interessentinnen wissen das sehr zu schätzen, da sie sich somit die Interviews flexibel und öfters anschauen können.

Die Hauptzielsetzung deiner Konferenz ist es jedoch, über ein attraktiv benanntes Erstgespräch, das du den Teilnehmern und Teilnehmerinnen im Nachgang anbietest, dein Coaching zu verkaufen.

Ich würde dir für den Start eine Konferenz mit maximal acht Experten und Expertinnen empfehlen. Mehr kann leicht zu Überforderung führen und meiner Erfahrung nach wissen es gerade Menschen, die ein Coaching bräuchten zu schätzen, wenn sie sich nicht durch 50 Stunden Videomaterial mit 100 Referenten und Referentinnen 'kämpfen' müssen. Je bekannter die Referenten und Referentinnen deiner Online Konferenz, umso mehr Teilnehmer/-innen wirst du gewinnen.

Für den maximalen Erfolg deiner Konferenz sollten deine Referenten und Referentinnen zudem:

- eine ähnliche Zielgruppe ansprechen wie du
- Services/Coachings anbieten, die sich mit deinem Coaching ergänzen (Überschneidungen wird es immer geben, aber am besten natürlich keine direkte Konkurrenz)
- bereits eine kleine Community in den sozialen Medien und/oder einen E-Mail Verteiler haben
- bereit sein, mehrfach zu deiner Online-Konferenz einzuladen und dir 30 Minuten ihrer Zeit schenken

Vereinbare zudem mit den Referenten und Referentinnen, dass du das Recht hast, das Interviewmaterial kommerziell zu nutzen, so dass du ein Konferenz-Paket anbieten kannst. Im Gegenzug bietest du den Referenten und Referentinnen die Möglichkeit, einen Link zu einem Lead Magneten zu platzieren. Somit sammeln auch die Referenten und Referentinnen neue Interessenten-Kontakte ein.

# Kapitel 9 Online-Challenges

In den letzten Jahren haben sich Online-Challenges als hervorragende Möglichkeit etabliert, um online neue Kunden zu gewinnen. Auch wenn Challenges nicht mehr ganz neu sind, sind sie eine gute Möglichkeit, deine Zielkunden und Zielkundinnen zur Interaktion zu bewegen, ihnen ein erstes Erfolgserlebnis zu bieten und Lust auf mehr - nämlich eine weitere Zusammenarbeit mit dir - zu machen.

Bei einer Challenge lädst du deine Zielkunden und Zielkundinnen ein, über mehrere Tage hinweg ein bestimmtes Ziel zu erreichen. Dieses Ziel ist idealerweise ein erster Schritt auf dem Weg, die ganz große Herausforderung anzugehen, die du mit deinem Coaching lösen kannst.

Eine Challenge ist dabei gleichzeitig ein idealer Lead Magnet, denn auch für deine Challenge müssen sich deine Interessenten und Interessentinnen bei dir anmelden. Dazu stellst du - ähnlich wie beim Lead Magneten - eine Landingpage auf, um die Namen und E-Mail-Adressen deiner Interessenten und Interessentinnen einzusammeln. Beachte bitte, dass du auch hier den Double-Opt-In-Vorgang nicht vergessen darfst.

Deine Challenge hat am besten einen festen Startpunkt, an dem du die erste Tagesaufgabe an deine Teilnehmer und Teilnehmerinnen versendest. Die Tagesaufgabe kannst du entweder als kurzes Video abdrehen oder auch einfach schriftlich per E-Mail versenden. Mit einem Video schaffst du es jedoch schneller, den "Kennen-Mögen-Vertrauen-Faktor" aufzubauen.

Am letzten Tag deiner Challenge versendest du dann das Angebot, sich für ein Erstgespräch bei dir zu melden. Bitte beachte, dass du das Angebot zum Erstgespräch immer begrenzt auf eine bestimmte Anzahl und eine Bewerbungsfrist setzt bis wann sich deine Teilnehmer/-innen dafür bewerben können.

Zur Interaktion bewegst du deine Teilnehmer/-innen, indem du sie aufforderst, ihre Ergebnisse, Fragen oder Ausarbeitungen beispielsweise in einer extra dafür eingerichteten Facebook-Gruppe zu veröffentlichen. Je mehr Interaktion in dieser Gruppe stattfindet, umso besser.

## Erfolgsfaktoren für deine Challenge

Deine Challenge braucht einen festen Starttermin, um deine Interessenten und Interessentinnen ins Handeln zu bringen. Sie sollte mindestens 3 Tage aber nicht länger als 7 Tage dauern. Es gibt Challenges auch über 21 oder 30 Tage hinweg. Wenn es jedoch dein Ziel ist, am Ende der Challenge ein Erstgespräch bei dir anzubieten, würde ich dir raten, nicht zu viel Inhalt rein zu packen. Beachte, dass deine Teilnehmer und Teilnehmerinnen sich auch immer die Zeit für die Aufgabe 'freischaufeln'.

Mach dir das Leben zudem nicht zu schwer, indem du sehr viele Inhalte in die Challenge rein packst. Wichtiger ist, dass deine Teilnehmer/-innen jeden Tag einen kleinen Impuls bekommen und daraus etwas erkennen oder ins Handeln kommen. Winzige erste Schritte, die erste kleine Erfolge ermöglichen sind also wichtiger als umfangreiches und vollumfängliches Wissen.

Je mehr Teilnehmer/-innen du für deine Challenge gewinnst, desto besser.

## Ideen für deine Challenge

Um deine Kreativität in Gang zu bringen, hier einige Beispiele für mögliche Challenges inklusive der Tagesaufgaben bzw. Themen. Beachte, dass du gern auch 3 oder 5 Tage daraus machen kannst:

**In 7 Tagen zu mehr Leidenschaft**
Tag 1 Wo ist die Leidenschaft hin?
Tag 2 Einfach weitermachen wie bisher?.
Tag 3 Entflammt zu sein, hat nichts mit Liebe zu tun
Tag 4 Sexy Hirn und kopflastiger Sex

Tag 5 Die Einkaufsliste für deinen Partner
Tag 6 Deine Einkaufsliste
Tag 7 Die erste Nacht (oder Morgen, oder Nachmittag)

**7 Schlüssel, um zu erreichen was du willst**
Tag 1 Negative Emotionen der Vergangenheit für die Zukunft loslassen
Tag 2 Ziele setzen
Tag 3 Persönlicher Entwicklungsplan (sich selbst coachen)
Tag 4 Zeitmanagement
Tag 5 Die Sinne schärfen
Tag 6 Verbindlichkeit schaffen
Tag 7 Umsetzen / Ins Tun kommen

**7 Tage für Hausfrauen und Mütter endlich wieder das Leben zu leben, das Sie wollen**
Tag 1 Deine Kraft erkennen: Du bist mehr als du selbst in dir siehst
Tag 2 Liebe dich selbst zuerst (Die Wichtigkeit von Zeit für sich selbst)
Tag 3 Einflüsse von außen
Tag 4 Die Vergangenheit loslassen
Tag 5 Im Jetzt leben
Tag 6 Sich wieder mit den eigenen Träumen verbinden
Tag 7 Herausforderungen lösen Veränderung aus

**7 Tage, um deine Selbstzweifel zu beseitigen**
Tag 1 Einführung: Was sind Selbstzweifel und warum haben wir sie?
Tag 2 Welche Geschichte erzählst du dir selbst gerade?
Tag 3 Was hält dich zurück?
Tag 4 Was ist deine wahre Geschichte?
Tag 5 Der kleinste Schritt, um eine neue Geschichte zu schreiben
Tag 6 Den Fokus verlagern vom Negativen auf's Positive
Tag 7 Die Vorteile einer neuen Geschichte und eines neuen Mindsets

**7 Tage für künftig jeden Tag 2 Stunden Zeit für dich selbst und die Lust, diese zu genießen**
Tag 1 Den Fokus verbessern
Tag 2 Den eigenen Rhythmus erkennen
Tag 3 Zeitfresser erkennen
Tag 4 Sich selbst organisieren
Tag 5 Wählerisch werden
Tag 6 Auf die Gesundheit achten
Tag 7 Produktivitäts-Tools nutzen

**7 Tage für ein stressfreies und gleichzeitig spannenderes Leben**
Tag 1 Akzeptieren, was ist
Tag 2 Die Maske aufsetzen
Tag 3 Opfer, Schurke, Held und Flow
Tag 4 Deine Umgebung formt dich
Tag 5 Spiel und Kreativität – entwickle dein perfektes Leben völlig ohne Angst
Tag 6 Die Grundlagen des Erfolgs – Körper und Geist
Tag 7 Ideen sind Blödsinn: Umsetzen ist besser

**7 Tage, um mit mehr Selbstvertrauen und Produktivität durch die Glasdecke zu stoßen**
Tag 1 Ziele setzen
Tag 2 Selbstvertrauen gewinnen
Tag 3 Deine innere Stimme zähmen
Tag 4 Durch die Glasdecke: Erkenne wer du bist
Tag 5 Selbstbewusst bleiben in herausfordernden Situationen
Tag 6 Mach dich selbst zur Nummer 1: Achte auf dich
Tag 7 Verpflichte dich selbst zum Erfolg

**7 Tage Challenge: Nie wieder fremd im eigenen Körper**
Tag 1 Ziele setzen
Tag 2 Wie fühlst du dich wirklich?
Tag 3 Welche Glaubenssätze hast du?
Tag 4 Wessen Gepäck trägst du?
Tag 5 Dein Mindset verändern
Tag 6 Bezieh deinen Körper mit ein
Tag 7 Eine sofortige Verbindung finden, um das Fremdsein zu eliminieren

---

## Teilnehmer/-innen für deine Challenge gewinnen

Um Teilnehmer/-innen für deine Challenge zu gewinnen, hast du unterschiedliche Möglichkeiten:

1. Du kannst Anzeigen auf Facebook schalten - diese Möglichkeit kennst du bereits.

2. Du kannst Kooperationen eingehen mit Medien, die deine Zielgruppe bedienen. Hier bietet sich ebenfalls eine Anzeigenschaltung an oder eine Vorstellung im Newsletter des Mediums. Eventuell lässt sich das Medium auch auf eine erfolgsbasierte Bezahlung ein und du zahlst mit einer Provision bei erfolgter Kundengewinnung.

3. Du kannst deine Zielgruppe manuell per persönlicher Nachricht auf Facebook, LinkedIn, Xing oder Instagram einladen. Das ist ein zeitaufwändiger Weg, der sich jedoch in den meisten Fällen lohnt. Du zeigst somit, dass dir die Teilnahme deiner Zielgruppe an der Challenge sehr wichtig ist und dass du Interesse an der konkreten Person hast. Gerade zu Beginn deiner Online-Marketing-Aktivitäten solltest du diesen Weg nicht scheuen und somit auch die Resonanz auf dein Challenge-Angebot testen.

## Das Potenzial von Challenges

Ich habe über Facebook-Challenges bereits große Erfolge verzeichnet und aus einer kleinen Teilnehmerzahl von gerade einmal 90 Personen, zehn Kunden gewonnen. Heute führe ich die Challenges mit bis zu 800 Teilnehmern durch. Wenn du vor allem 1:1 coachst, muss das jedoch gar nicht dein Ziel sein. Eine gute Teilnehmerzahl für den Start sind 60 bis 70 Personen. Einige davon wirst du nicht zur Interaktion bewegen können, egal wie engagierst du bist. Das macht aber nichts. Wenn du am Ende dein Angebot zum Erstgespräch attraktiv verpackst, die Anzahl begrenzt und eine Bewerbungsfrist setzt, ist es sehr wahrscheinlich, dass sich Teilnehmer/-innen bei dir melden, die den nächsten Schritt gehen wollen.

# Kapitel 10 - Social Media

Die sozialen Medien haben der Coaching-Branche einen enormen Schub gegeben. Denn erst seit es die sozialen Medien gibt und Facebook und Co. zum täglichen Medienkonsum dazu gehören, ist es jedem möglich, nahezu die ganze Welt vom eigenen Rechner aus zu erreichen. Und das auch noch kostenlos oder zu einem geringen Preis. Ein Siebtel der Weltbevölkerung ist bereits in den sozialen Medien vertreten.

Deine Zielkunden und Zielkundinnen sind also ganz sicher ebenfalls darunter. Die sozialen Medien bieten damit eine großartige Möglichkeit für dich, deinen Expertenstatus aufzubauen, deine Zielkunden und Zielkundinnen zu erreichen und dich zu zeigen.

Die einzelnen Plattformen unterscheiden sich allerdings, so dass es sich für dich lohnt, genau hinzuschauen, auf welcher Plattform du aktiv sein solltest.

Nachfolgend stelle ich dir die wichtigsten Social Media Kanäle vor im Hinblick auf das Potenzial für dein Coaching-Business und mit der Einschätzung für welche Nische die Plattform relevant ist. Deine Zielsetzung sollte es sein, maximal zwei Kanäle daraus auszuwählen und dort nicht nur zu konsumieren, sondern aktiv zu werden.

---

## Facebook

Facebook ist der Platzhirsch unter den sozialen Medien. Stand März 2019 loggen sich in Deutschland 32 Millionen Menschen mindestens einmal pro Monat auf Facebook ein. Über 72 Prozent davon, also über 23 Millionen besuchen Facebook sogar täglich (Quelle: **https://allfacebook.de/zahlen_fakten/offiziell-facebook-nutzerzahlen-deutschland**)

Aus Österreich kommen nochmals 3,9 Millionen Nutzer hinzu, die sich monatlich einloggen. 3,2 Millionen davon besuchen Facebook täglich.

Laut Statista ist die am stärksten vertretene Altersgruppe auf Facebook die Gruppe der 25- bis 34-jährigen. Dicht gefolgt von den 35- bis 44-jährigen (Quelle: **https://de.statista.com/statistik/daten/studie/512316/umfrage/anzahl-der-facebook-nutzer-in-deutschland-nach-alter-und-geschlecht/**)

Für eine soziale Plattform ist Facebook also 'relativ alt', was besonders für uns als Coaching-Anbieter attraktiv ist.

Dennoch funktioniert Facebook vor allem für Coaches aus den Nischen Life Coaching, Karriere-Coaching, Ernährungs-, Fitness- oder Gesundheitscoaching, Achtsamkeits-Coaching, Anti-Stress-Coaching, Berufungs-Coaching und wenn sich dein Coaching an Frauen oder Einzelunternehmer/-innen und Freiberufler/-innen richtet.

Sind deine Zielkunden eher Führungskräfte oder Inhaber/-innen größerer Unternehmen, ist Facebook nicht die richtige Plattform.

---

## Die wichtigsten Möglichkeiten auf Facebook für Coaches

Was auf Facebook gerade im Hinblick auf die Kundengewinnung funktioniert, kann sich relativ schnell ändern. Dennoch ein kleiner Überblick über die Möglichkeiten, die sich speziell für dich als Coach anbieten.

Wichtig zu wissen ist, dass es unterschiedliche Profil-Typen auf Facebook gibt. Das persönliche Profil für Privatpersonen (das du bereits kennst, wenn du auf Facebook angemeldet bist), die Facebook-Seiten für kommerzielle Anbieter/-innen, sowie

Facebook-Gruppen für Gruppen von Menschen mit gleichen Interessen oder Hobbys.

Private Profile können pro Person nur einmal angelegt werden. Zumindest verlangen die Facebook-Regularien das. Natürlich kann niemand überprüfen, ob du noch ein zweites Profil unter einem anderen Namen anlegst, aber eigentlich ist das gegen die Geschäftsbedingungen von Facebook und macht auch nicht wirklich Sinn. Sich befreunden kann man nur über ein Facebook-Profil. Facebook-Seiten gibt man ein 'Gefällt mir' und in Gruppen tritt man bei, was je nach Gruppen-Typ der Freigabe durch den Administrator bedarf.

## Deine eigene Facebook-Seite

Im Unterschied zu deinem Facebook-Profil ist deine Facebook-Seite der Ort, wo du dein Coaching-Business und dich als Persönlichkeit und Marke zeigst. Facebook-Seiten sind für kommerzielle Anbieter/-innen gedacht. Die Vorteile gegenüber dem Facebook-Profil liegen in der unbegrenzten Fan-Anzahl. Während du dich im Profil mit maximal 5.000 Freunden vernetzen kannst, gibt es keine Obergrenze bei deiner Facebook-Seite.

Eine Facebook-Seite ist zudem die Voraussetzung, wenn du auf Facebook mit der Anzeigenschaltung loslegen willst.

## Wichtige Punkte für deine Facebook-Seite

Auf deiner Facebook-Seite sollte sofort erkennbar sein, was du tust und wann Besucher/-innen bei dir richtig ist.

Um deine Facebook-Seite anzulegen, gehst du auf **facebook.com/pages/create.php** und meldest dich dann mit deinen Zugangsdaten auf Facebook an. Wenn du noch kein Profil hast, darfst du zunächst dieses anlegen und dich auf facebook.com registrieren.

Beim Anlegen der Seite siehst du dann eine Auswahl von unterschiedlichen Seiten, die du erstellen kannst. Für dich als Coach passen im Grunde genommen beide Arten. Bei ‘Unternehmen und Marke’ hast du die Möglichkeit, in der Kategorie ‘Berater’ oder ‘Trainer’ anzugeben. Coach gibt es nicht (Stand November 2019). Zudem hast du mehr Möglichkeiten, deinen Standort zu zeigen. Bei ‘Community und Person des öffentlichen Lebens’ spielt der Standort keine Rolle. Optimalerweise ist das für dich als Coach, der auch online arbeitet, ebenfalls so. Auch hier kannst du in der Kategorie ‘nur’ ‘Unternehmer/in’ eingeben. Coach ist nicht verfügbar. Die meisten entscheiden sich daher für die Kategorie ‘Unternehmer/Marke’.

Die Wahl ist letztlich nicht entscheidend für deinen Erfolg. Dennoch ein kurzer Überblick zu den Unterschieden beider Arten:

| | Unternehmen oder Marke | Community oder Person des öffentlichen Lebens |
|---|---|---|
| Kurzbeschreibung | ✔ | ✔ |
| Website | ✔ | ✔ |
| Dienstleistungen | ✔ | ✔ |
| Bewertungen | ✔ | ✔ |
| E-Mail-Adresse | ✔ | ✔ |
| Telefonnummer | ✔ | ✔ |
| Adresse | ✔ | |
| Karte | ✔ | |
| Besuche | ✔ | |

Einen vollständigen Überblick über die auf Facebook verfügbaren Kategorien findest du bei Katrin Hill unter diesem Link: **https://www.katrinhill.com/unterkategorie-fuer-die-facebook-seite-erstellen/**

## Dein Seiten-Name

Beim Namen der Seite kommen viele ins Stocken. Am besten funktioniert es, wenn du deinen Vor- und Nachnamen nutzt und den Zusatz Coaching bzw. Business-Coaching, Vertriebs-Coaching, Life-Coaching oder wie auch immer deine Nische lautet. Der Name der Seite ist wichtig, weil du ihn - sobald du 200 'Gefällt mir' Angaben hast, nur auf Antrag bei Facebook ändern kannst.

Ich bin kein Fan von 'Kunstnamen', da der Aufbau einer künstlichen Marke wesentlich mehr Anstrengung braucht als du benötigen wirst, um deinen eigenen Namen zu verbreiten.

## Profilbild und Titelbild

Für dein Profilbild solltest du ein persönliches Foto verwenden, kein Logo oder Produktfoto oder Ähnliches. Bedenke, dass sich auf Facebook Menschen immer noch mit Menschen verbinden wollen und es sehr irritierend ist, wenn du hier ein Foto von einem Hund oder Schaf zeigst. Nimm das Foto von dir, das Sie auch auf deiner Website oder auf anderen Social Media Profilen verwendest. Somit stellst du sicher, dass man dich wieder erkennt.

Dazu gibt dir Facebook die Möglichkeit, ein Titelbild (oder auch "Header") hochzuladen. Es hat aktuell eine Größe von 851 x 315 Pixel. Überprüfe die aktuelle Größe des Titelbildes, indem du vor der Erstellung danach googelst. Die Format-Größen ändern sich auf Facebook häufiger mal.

Um das Titelbild zu erstellen, kannst du eine kostenlose Grafiksoftware wie canva.com nutzen. Dort bietet man dir bereits zahlreiche Design-Vorschläge an und du kannst sie mit deinen eigenen Fotos anreichern oder individualisieren.

Zielsetzung des Titelbildes ist es, dein Business auf einen Blick zu zeigen. Hier geht es mehr um Funktionalität als um Schönheit. Es gibt bei Facebook zwar einige Restriktionen, was im Titelbild gezeigt werden darf, aber ich kenne keinen Fall, in dem wegen eines Vergehens etwas unternommen wurde.

Im Titelbild sollten weder Preise noch Rabatte kommuniziert werden. Eigentlich auch keine Web-Adresse oder Kontaktinformation (was faktisch jedoch sehr häufig getan wird). Beim Titelbild geht es vor allem darum, es nicht zu übertreiben. Deine Zielgruppe will auf Facebook sowieso nicht aggressiv umworben werden. Es geht mehr darum, Beziehungen aufzubauen. Kontaktinfos und Hinweise auf Lead Magneten, Challenges, Webinare oder Online-Konferenzen sind daher absolut in Ordnung. Vergiss hierbei vor allem nicht, das Titelbild auch zur entsprechenden Landingpage zu verlinken.

Nicht ins Titelbild gehören Likes oder Shares oder andere Facebook Schnittstellen und auch keine Aufrufe wie ‚Kauf jetzt' oder ‚Sag es all deinen Freunden'. Auch Rabatt- oder Coupon-Aktionen gehören nicht hinein.

Achte bei der Bildauswahl zudem darauf, dass du alle Rechte für das Foto hast. Wenn du Zitate andere Menschen verwendest, solltest du die Quelle angeben.

Füge zudem sowohl zum Titelbild als auch zum Profilfoto eine Beschreibung hinzu, denn beides wird oft angeklickt. Die Motive und auch die Beschreibung kannst du jederzeit ändern.

## Kurzbeschreibung

Die Kurzbeschreibung ist neben dem Titelbild der erste Bereich, den sich neue Besucher/-innen ansieht. Hier sollte sofort erkennbar sein was du auf deiner Seite anbietest und welche Beiträge zu erwarten sind. Auch hier solltest du einen Link hinein packen. Entweder direkt zu deiner Webseite oder - noch besser - zu deinem Lead Magneten.

## Der Infobereich

Fülle den Infobereich so ausführlich wie möglich aus und setze dort vor allem auch Keywords ein, zu denen du auf Facebook (und Google) gefunden werden möchtest. Hier gehört auch das Impressum hin. Beachte, dass ein Impressum für eine Facebook-Seite mittlerweile verpflichtend ist. Du kannst dort jedoch auch einfach auf das Impressum deiner Webseite verlinken.

## Call to Action Button

Rechts unter dem Titelbild hast du die Möglichkeit den Call-to-Action-Button zu individualisieren. Du kannst deine Besucher/-innen von dort aus zu deinem Lead Magneten oder auf deine Webseite führen. Empfehlenswert ist, dass der Link im Call-to-Action-Button mit dem Titelbild halbwegs übereinstimmt, wie hier bei meinem Hinweis auf meine jüngste Online-Challenge:

Der Link 'Registrieren' verweist auf die nachfolgende Landingpage. Wiedererkennungsmerkmale sind das Foto, der Stil und die Farbgebung der Landingpage. Das geht zugegebenermaßen vom Design her auch noch besser.

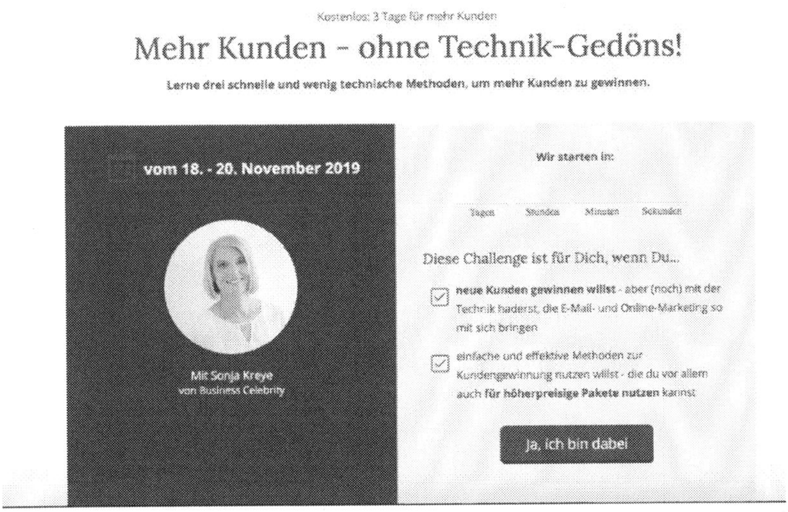


Um den Call-to-Action-Button zu ändern, fährst du mit dem Mauszeiger darüber und klickst auf 'Button bearbeiten' und folgst dann den weiteren Schritten.

## Empfohlenes Video

Auf deiner Facebook-Seite kannst du zudem ein Video hervorheben und als 'empfohlenes Video' markieren. In diesem Video stellst du idealerweise dich, deine Geschichte, deine Mission und somit dein Coaching-Business vor. Um das Video hervorzuheben, lädst du es zunächst auf Facebook hoch, füllst dann alle zum Video benötigten Angaben aus und markierst es mit dem Befehl 'dieses Video empfehlen'. Dann wird es auf deiner Seite prominent in der linken Spalte angezeigt.

## Bewertungen

Deinen Expertenstatus untermauerst du auf Facebook zudem mit Bewertungen. Du kannst deine Fans oder Community danach anfragen, dir eine solche Bewertung zu schreiben.

## Individueller Seitennamen

Lege dir zudem einen individuellen Seitennamen an. Also anstatt https://www.facebook.com/pages/Seitenname/168598656498 ein Seitenname wie: **https://www.facebook.com/businesscelebrity/**.

Mit einer solchen individuellen URL ist es leichter, deine Seite auch in anderen Kanälen zu teilen. Die URL kannst du in den Einstellungen im Reiter Info und dort unter 'Benutzername' ändern. Bitte beachte, dass Facebook viele Funktionen immer wieder verändert und es darauf ankommt, welche Facebook-Oberfläche dir gerade zur Verfügung steht. Sollte etwas also nicht funktionieren wie beschrieben, dann google am besten danach.

---

# Facebook-Gruppen

Die Beliebtheit von Gruppen ist ziemlich genau zu dem Zeitpunkt gestiegen, als Facebook die Reichweite der kommerziellen Seiten eingeschränkt hat. Während zuvor sichergestellt war, dass deine Beiträge auf deiner Seite alle deine Fans erreichen, untersucht Facebook seither die Beliebtheit deiner Beiträge. Erhält einer deiner Beiträge viele Interaktionen, sorgt Facebook dafür, dass noch weitere deiner Fans ihn sehen. Wenn nicht, bleibt die Reichweite auf deiner Seite meist bei um die 10 Prozent. Im schlechtesten Fall sehen also nur 10 Prozent deiner Fans deinen Post.

In Facebook-Gruppen hingegen bist du (zumindest zum Zeitpunkt November 2019) gewiss, dass alle Mitglieder/-innen deiner Gruppe deinen Post angezeigt bekommen. Das gleiche gilt für Kommentare und Interaktionen.

Facebook-Gruppen bieten dir zudem mehr Möglichkeiten, eine echte 'Community' aufzubauen, was auf Facebook-Seiten eine Herausforderung sein kann. In einer Gruppe kannst du deine Teilnehmer/-innen viel besser zur Interaktion einladen und untereinander vernetzen.

Eine Gruppe ist also eine super Möglichkeit, deine eigene Persönlichkeit in deinem Business zu zeigen. Das ist gerade bei der großer Konkurrenz in der Coaching-Branche unglaublich wichtig. Denn über deine Persönlichkeit unterscheidest du dich ganz automatisch von deinen Wettbewerbern. Wenn du die Gruppe dauerhaft betreust, kannst du sie zu DER Gruppe machen, in der man online nach Rat, Information und Inspiration zu deinem Thema sucht.

Ich bin ein großer Fan von Facebook-Gruppen – gerade auch, weil ich über verschiedene Aktionen in meiner Gruppe jedes Mal zwischen 10.000 und 50.000 Euro Umsatz mache und weiß, dass da nach oben hin keine Grenzen gesetzt sind.

Trotzdem solltest du deine Facebook-Seite deshalb nicht einstellen. Die ist ja auch Voraussetzung dafür, dass du Facebook-Anzeigen schalten kannst, auch wenn du das gerade noch nicht tust.

## Arten von Facebook-Gruppen

Es gibt drei unterschiedliche Arten von Facebook-Gruppen, die du kennen solltest, bevor du deine eigene Gruppe anlegst.

Zunächst wären da die ‚öffentlichen Gruppen': dort kann einfach jeder eintreten und Mitglied werden (ohne dass du als Administrator/-in das genehmigen müsstest). Ich selbst bin kein großer Fan von öffentlichen Gruppen, da sich dort auch meist ziemlich viele ‚Spammer' aufhalten, die immer noch nicht verstanden haben, dass sie rein gar nichts erreichen, wenn sie einfach überall ihren Werbepost absetzen.

Es ist außerdem ziemlich schwierig, eine solche öffentliche Gruppe zu moderieren und zu betreuen.

Ich rate dir vielmehr zu einer ‚geschlossenen Gruppe'. Dieser Gruppe kann ebenfalls jeder beitreten, du als Moderator/-in oder Administrator/-in musst die Beitrittsanfrage aber genehmigen und hast somit die volle Kontrolle darüber, wer in der Gruppe ist und wen du aus der Gruppe ausschließt. Du kannst es zudem zur

Bedingung machen, dir einige Fragen zu beantworten, bevor jemand der Gruppe beitritt.

Die Gruppe ist also nahezu privat. Ich sage deshalb nahezu, weil die Freunde deiner Gruppenmitglieder/-innen sehen können, dass deine Mitglieder/-innen in der Gruppe sind. Sie sehen zwar nicht, was in der Gruppe gepostet wird, aber eben, dass ihre Freunde dort Mitglieder/-innen sind. Das ist meiner Ansicht nach jedoch ein großer Vorteil, besonders wenn es darum geht, die Gruppe zu vergrößern.

Diese Tatsache gilt es jedoch zu berücksichtigen, wenn dein Gruppen-Thema beispielsweise eines ist, das nicht jedes deiner Mitglieder/-innen gerne mit Freunden und Familienmitgliedern teilt, wie beispielsweise Sexualität, Burnout, Depression, Beziehung usw.

Die letzte Gruppenart ist die 'geheime Gruppe'. Mitglieder/-innen können dort nur vom/von der Gruppen-Administrator/-in hinzugefügt werden. Die Gruppe ist geheim und die Freunde deiner Mitglieder/-innen sehen nicht, dass diese dort Mitglied sind. Ein bisschen lästig ist, dass du als Administrator/-in die Teilnehmer und Teilnehmerinnen eben selbst hinzufügen musst und somit entweder mit demjenigen über dein Profil befreundet sein musst oder ihn oder sie per E-Mail Adresse einladen musst.

Ich nutze diese Art der Gruppe für die Teilnehmer/-innen des Coaching Business Mastery Programms, die dazu da ist, Fragen die innerhalb des Programms aufkommen zu klären, bzw. sich gegenseitig in einem geschlossenen Rahmen zu unterstützen. Wenn du allerdings eine richtig große Gruppe planst, ist diese Gruppenart nicht geeignet, weil der Prozess des Hinzufügens zu aufwändig ist.

## Sonderform: Bezahlte Gruppen

Facebook bietet zudem die Möglichkeite von ‚bezahlten Gruppen': Ich kenne in Deutschland jedoch bisher nur wenige bezahlte Facebook-Gruppen. Vor allem nicht aus den klassischen Coaching-Nischen. In den USA ist das schon weiter mehr verbreitet. Hier in Deutschland werden Gruppen oftmals als ‚Zusatz' zu einem bezahlten Programm verwendet – so beispielsweise auch bei meinem Coaching Business Mastery Programm.

Ich empfehlen nicht, eine Gruppe als Mitglieder-Modell zu verkaufen. Schon alleine aus dem Grund, weil dir die Gruppe nicht gehört. Sie gehört Facebook. Und wenn Facebook mal wieder entscheidet, die Bedingungen zu ändern, hast du im schlimmsten Fall viele Reklamationen und musst rückabwickeln.

Als Ergänzung zu deinem Coaching-Angebot oder eben als Sammelbecken für deine Zielkunden und Zielkundinnen und somit als Akquisitions-Möglichkeit macht eine Gruppe aber auf jeden Fall Sinn, denn sie erleichtert es dir, deine Kunden und Kundinnen untereinander zu vernetzen.

## Der Name deiner Gruppe

Damit deine Gruppe gut gefunden wird auf Facebook, ist ein aussagekräftiger Name wichtig. Die besten Namen sind solche, die auf einen Blick aussagen, was die Teilnehmer und Teilnehmerinnen dort erwartet. Ich gebe dir gerne ein paar Beispiele dazu:

- Coaching verkaufen ohne Technik-Gedöns (eine meiner Gruppen, die gern aufgesucht wird und in der Coaches sind, die noch nicht so technikversiert sind).
- Mompreneurs – der Name sagt sofort aus, dass sich dort selbstständige Mütter einfinden
- Weiber, Priester, Hexen, Heilerinnen – auch ein Name, der sofort klar macht, ob ich dazu gehöre oder nicht (bzw. ob ich mich zugehörig fühle oder nicht).
- "Alternative Medizin" – auch hier wird sofort klar, um was es geht.

Genauso verhält es sich mit den Namen:

- Claudia's Thermomix Gruppe
- Fit durch laufen
- ADHS – Hilfe und Lösungen
- Dein Weg zurück zu dir
- Depressionen ein Gesicht geben
- Hochsensitiv oder
- Neue Spiritualität

Gerade wenn deine Bekanntheit noch nicht groß ist, rate ich dir nicht dazu, den eigenen Markennamen oder Klarnamen zu verwenden. Selbstverständlich gibt es bspw. die Robert Betz Inspirationsgruppe – aber Robert Betz hat auch bereits eine bestimmte Bekanntheit, die er nicht über die Facebook-Gruppe aufbaut.

Mache es dir also selbst bitte nicht zu schwer und benenne deine Gruppe nicht mit einem Fantasienamen, sondern stelle auf Anhieb klar, um was es geht. Schaue dich dazu gerne auf Facebook um, welche Gruppen einen regen Zulauf und viele Mitglieder/-innen haben.

Deine Gruppe legst du an, indem du dich auf Facebook einloggst und links auf 'Gruppen' klickst und dann auf 'Gruppe erstellen' auswählst.

### Gruppenbeschreibung

Damit klar wird, wann deine Zielkunden und Zielkundinnen in deiner Gruppe richtig sind, solltest du als nächstes eine Beschreibung hinzufügen, die mit wenigen Worten sagt, was du mit der Gruppe für die Gruppen-Mitglieder/-innen erreichen willst. Hier ein Beispiel von mir:

*"Hier sprechen wir über Methoden, um Coaching zu verkaufen, die wenig Technik Aufwand beinhalten. Denn ein funktionierendes Online Marketing ist nicht über Nacht aufgebaut. Das darf dich aber nicht davon aufhalten, ein profitables Coaching-Business aufzubauen. Ich helfe dir dabei."*

---

## Facebook-Live-Videos

Die Möglichkeit, Videos live direkt auf Facebook zu streamen, gibt es zwar schon seit 2016. Das Potenzial dieser Beitragsform wird jedoch nur von wenigen Coaches wirklich genutzt. Wichtig ist zu wissen ist, dass Facebook mit den Live Videos auf das Aufkommen von schnell beliebter werdenden Live-Video-Plattformen reagiert und diese somit wieder vom Markt gefegt oder übernommen hat.

Daher legt Facebook auch immer noch einen großen Fokus auf Live-Video-Content und gibt diesem Content gern eine überproportional erhöhte Reichweite. Das hat für Coaches zur Folge, dass sie über Live Videos ihre Reichweite enorm steigern können. Ich selbst habe das im Frühjahr 2019 ausprobiert und 14 Tage lang täglich ein Live-Video auf Facebook erstellt. Als Ergebnis konnte ich nicht nur eine vergrößerte Reichweite für die Videos selbst feststellen, sondern das gleiche für meine regulären Bild- und Textposts.

Im Unterschied zu Videos, die auf Facebook hochgeladen werden, finden Facebook-Live-Videos also in Echtzeit statt. Du überträgst mit deinem Mobiltelefon oder Computer direkt auf deine Facebook-Seite, in dein Profil oder in deine Facebook-Gruppe. Die Zuschauer/-innen, die deinem Live-Stream folgen, können live mit dir interagieren und beispielsweise auch Fragen stellen oder ihren eigenen Kommentar dazu hinterlassen, auf welche du wiederum direkt eingehen kannst.

Ist der Live-Stream beendet, macht Facebook daraus automatisch ein Video, das wie ein „normales" Video auch in deiner Chronik veröffentlicht wird. Dabei erscheinen die in der Liveübertragung geschriebenen Kommentare als normale Kommentare unter dem Video. Fans oder Freunde, die das Video erst später sehen, können aber auch noch ganz normal kommentieren und/oder eine Reaktion hinterlassen.

Für dich als Coach eignen sich Facebook-Live-Videos vor allem, um dich regelmäßig zu zeigen und somit deine Sichtbarkeit zu steigern. Beispielsweise kannst du zu jedem deiner Blogs, Vlogs oder Podcast-Folgen auf deiner Webseite ein begleitendes Facebook-Live machen, um deine Zielgruppe dazu zu animieren, deine Inhalte zu lesen bzw. zu konsumieren.

Oder du stellst dich ebenfalls der Herausforderung, 14 Tage lang jeden Tag ein Live-Video zu deinen Themen zu drehen. Wichtig ist dabei, dass du dich nicht von deiner Perfektion ausbremsen lässt. Denn gerade auf Facebook ist es wichtiger authentisch und nahbar zu sein als perfekte Hochglanz-Videos zu zeigen.

Deine Facebook-Lives sind nach der Live-Übertragung unbegrenzt sichtbar und werden wie reguläre Posts behandelt. Sie rutschen in deinem Profil oder auf deiner Seite oder in deiner Gruppe einfach weiter nach unten. Ebenso kannst du sie im Bedarfsfall nach der Übertragung auch löschen.

## Do's & Don'ts bei Facebook-Lives

Wenn du bereits Freunde, Fans oder Gruppen-Mitglieder/-innen auf Facebook hast, solltest du dein Facebook-Live-Video vorher ankündigen. Facebook erlaubt es dir, dein Video vorab zu planen. Dann ist die Chance selbstverständlich höher, dass du viele Live-Zuschauer/-innen hast. Doch auch wenn zunächst nur wenige bei dir reinschauen, solltest du die Tatsache nutzen, dass Facebook selbst den Live-Videos eine hohe Priorität (und somit Reichweite) einräumt. Denn auch im Nachhinein wird dein Video noch angeschaut.

Überlege dir zudem einen ansprechenden Titel für dein Live-Video, den du in den dazugehörigen Post schreibst. Mach neugierig aufs Anschauen und erkläre, welchen Mehrwert deine Zuschauer/-innen haben. Also was haben sie davon, dein Video anzuschauen, was erfahren sie, wo werden sie neue Erkenntnisse gewinnen? Und zwar ohne, dass du diese Erkenntnisse und Informationen bereits vorab verrätst.

Gib dir zudem eine kleine Struktur für dein Facebook-Video, indem du dir drei bis fünf Punkte notierst, über die du im Video berichten willst. Wenn deine Zuschauer und Zuschauerinnen den Eindruck haben, dass du einfach unzusammenhängende Infos aneinander reihst, ist die Chance groß, dass sie abspringen. Lass dich dennoch nicht von deiner Perfektion abhalten. Übung macht den Meister, auch bei den Facebook-Live-Videos.

# Weitere Facebook-Trends und Formate

Facebook veröffentlicht regelmäßig neue Möglichkeiten, um zu posten und mit seinen Fans, Freunden oder Gruppen Mitgliedern/-innen zu interagieren. Als Coach musst du sicherlich nicht immer auf dem allerneuesten Stand sein. Wenn deine Zielgruppe jedoch auf Facebook vertreten ist, darfst du aufhorchen, wenn es Neuigkeiten von Facebook gibt.

So gibt es beispielsweise die Facebook-Stories. Genau wie auf Instagram sind auch die Facebook-Stories nur für einen begrenzten Zeitraum sichtbar. Da Facebook den Fokus auf diese Form des Postens legt, sind sie es wert, von dir ausprobiert zu werden.

## Facebook Events

Für jede Veranstaltung, jedes Webinar, jede Challenge, jeden Online-Kongress, jeden neuen Lead Magneten oder auch sonstige Events solltest du zudem einen Facebook-Event anlegen und deine Zielgruppe dazu einladen. Facebook-Events werden im Newsfeed angezeigt und sind daher eine gute und kostenfreie Möglichkeit zur Werbung. Nutzer können Facebook-Veranstaltungen zudem in ihrem Kalender speichern. Du kannst auch Links integrieren, beispielsweise zu einem Ticket-Shop oder eben zur Landingpage auf der die Anmeldung zu deinem Webinar, der Challenge, dem Online-Kongress oder dem Lead Magneten.

Wenn du den Event auch mit deinem privaten Profil aufrufst, kannst du deine Freunde dazu einladen.

---

# LinkedIn

Im Vergleich zu Facebook ist LinkedIn zwar was die Mitgliederzahlen angeht, ein kleiner Fisch (13 Millionen Mitglieder hat LinkedIn aktuell in Deutschland), dennoch ist dieses Netzwerk sehr attraktiv. Vor allem, wenn du dich als Coach eher an Unternehmer/-innen, Selbstständige, Freiberufler/-innen, Führungskräfte oder größere Unternehmen richtest oder dich mit Personaler/-innen oder Einkäufer/-innen vernetzen willst.

Während auf Facebook eher das Teilen, Kommunizieren und Befreunden im Vordergrund steht, ist die Tonalität auf LinkedIn eher geschäftiger und professioneller. LinkedIn war ursprünglich ähnlich wie XING als Plattform gedacht, die es ermöglicht, neue Jobs, bzw. neue Mitarbeiter/-innen zu finden. Anders als XING hat es LinkedIn jedoch über weitere Features wie das Posten von Updates und Blogs oder auch das Senden von privaten Nachrichten geschafft, sich als aktuell attraktivste B2B-Plattform zu etablieren.

LinkedIn wirbt damit, dass es die beliebteste Plattform ist, um Content zu verteilen und mehr Traffic auf Blogs und Webseiten leitet, als jeder andere Social Media Kanal.

Auf LinkedIn sind die Mitglieder/-innen aus beruflichen Gründen, auf Facebook eher aus privaten. Auf LinkedIn loggen sich die Mitglieder/-innen ein, um zu lernen, die neuesten Infos aus ihrer Branche zu erfahren, Empfehlungen von Kollegen und Kolleginnen zu erhalten und mögliche Geschäftspartner/-innen kennen zu lernen. Viele suchen nach Möglichkeiten, um ihr eigenes Business oder ihre Karriere erfolgreicher zu machen und ihre Ziele zu erreichen.

Somit ist die Kommunikation auf LinkedIn auch gern direkter aufs Business bezogen, während es auf Facebook wichtig ist, zunächst die Aufmerksamkeit zu erhalten. Auf LinkedIn kannst du direkter über dein Business sprechen und dich mit deinen Zielkunden und Zielkundinnen verbinden.

Dennoch ist auch LinkedIn keine Plattform auf der du einfach nur deine Werbebotschaften teilst. Hier ist es wichtig, dich mit deinen Zielkunden und Zielkundinnen zu verbinden und dabei nicht direkt mit der Tür ins Haus zu fallen, sondern dich an die allgemeingültigen Regeln der Kommunikation zu halten.

Für dich als Coach funktioniert auf LinkedIn vor allem das so genannte 'Social Selling'. Es geht hier also weniger darum, ganze Gruppen aus deiner Zielkundschaft zusammen zu fassen oder mit deiner Werbebotschaft oder deinem Lead Magneten zu versehen oder die ganz große Reichweite zu erzielen, sondern eher um den persönlichen Austausch 1:1.

## Schritt 1: Profiloptimierung

Im ersten Schritt geht es für dich darum, dein Profil auf LinkedIn zu optimieren, um gefunden zu werden, aus der Masse hervorzustechen und deine perfekten Zielkunden und Zielkundinnen anzuziehen.

Dein Profil zeigt deinen Expertenstatus und deine Professionalität, macht dich glaubwürdig und baut Vertrauen auf. Es ist der Startpunkt für den Aufbau von Beziehungen zu deinen Zielkunden und Zielkundinnen.

Dein Profil sollte erkennbar sein, wem du genau hilfst, welches Problem du löst und wem du bereits bei der Lösung des Problems geholfen hast. Wie immer beantwortest du also zunächst die Frage, was für deine Zielkunden und Zielkundinnen 'drin ist', wenn sie dein Profil betrachten.

Damit dein Profil gefunden wird, darfst du Keywords einbauen, die von deinen Zielkunden und Zielkundinnen gesucht werden.

Zudem sollte dein Profil

- Dein Warum enthalten (denn das ist das, was dich vom Wettbewerb unterscheidet).
- Deine Glaubwürdigkeit untermauern (das funktioniert vor allem über Testimonials und Stimmen deiner Kunden/-innen und/oder Kollegen/-innen, die du auf LinkedIn nicht faken kannst, sondern die direkt zum/zur Empfehler/-in leiten. Das funktioniert aber genauso über deine Erfahrungen, deine bisherigen Kunden und Kundinnen oder auch Veröffentlichungen – also alles, was Social Proof bringt).
- Deine perfekten Zielkunden und Zielkundinnen ansprechen (dein Profil sollte diese ganz dezidiert ansprechen und zeigen, dass du weißt, was in ihnen vorgeht).
- Deinen Call to Action beinhalten (was willst du, dass deine Profilbesucher/-innen als nächstes tun? Ohne diesen Call to Action gehen die meisten einfach wieder von deinem Profil weg – klassische CTAs sind Lead Magnet runter laden, Gespräch vereinbaren, E-Mail senden, anrufen o. ä. – das hilft dir, mehr Leads zu gewinnen – genau sagen, was sie tun sollen).

- Deinen Expertenstatus untermauern (das tust du durch weitere Ressourcen wie Videos, Veröffentlichungen usw.) und
- Den Unterschied machen (schon alleine, wenn du diese Schritte in deinem Profil umsetzt, wirst du aus der Masse der Wettbewerber/-innen hervorstechen, ansonsten funktionieren auch Videos, Slideshows, Testimonials, ein professionelles Profilbild usw. – es ist also gar nicht so schwierig)

Noch ein paar Zahlen von LinkedIn selbst dazu, die dir zeigen, wie wichtig dein Profil ist:

50% aller, die sich für ein spezielles Thema interessieren, vermeiden Anbieter und Anbieterinnen mit unvollständigen Profilen.

Wenn du 5 oder mehr ‚Skills' – also Kenntnisse und Fähigkeiten – in deinem Profil nennst, erhältst du bis zu 5x mehr Profilbesucher/-innen, als wenn du das nicht tust.

LinkedIn Profile mit professionellem Profilfoto erhalten 21x mehr Profilbesucher/-innen, 9x mehr Kontaktanfragen und die Wahrscheinlichkeit, dass sie eine Kontaktnachricht erhalten ist 36x höher.

## Optimierung nach Keywords

Du kannst natürlich nicht komplett beeinflussen, von wem und wie oft du auf LinkedIn gefunden wirst – genau wie jedes andere soziale Medium hat auch LinkedIn so seine Betriebsgeheimnisse und geheimen Algorithmen, aber es gibt einiges, das du tun kannst, damit du in den Suchergebnissen weiter oben erscheinst.

## Dein Profil nach den primären Keywords optimieren

Wenn deine Zielkunden und Zielkundinnen nach etwas bestimmtem suchen, solltest du zu diesen Worten natürlich gerankt werden. Hier gibt es jedoch einen großen Unterschied zwischen der dir bekannten Google-Suche und der LinkedIn-Suche. Auf LinkedIn wird nämlich nach Personen gesucht, also nach ‘Experte/Expertin für…' oder 'Coach' oder 'Mentor/-in' usw. Deine Expertenbezeichnung ist hier also entscheidend.

Das heißt, deine ein oder zwei primären Keywords sind deine Expertenbezeichnungen. Hier solltest du jedoch bitte nicht zu kreativ werden, sondern gerne Business Coach, Achtsamkeits-Coach, Life-Coach, Marketing-Coach, Speaker, Autor/-in, Vertriebs-Experte/-in, Ernährungs- oder Fitness-Experte/-iin usw. nehmen. Wenn du deine Nische noch nicht festgelegt hast, startest du mit der Bezeichnung 'Coach'.

Diese Bezeichnung(en) sollte in deinen Profil-Slogan, wenn möglich in die Zusammenfassung deines Profils, in die aktuelle Erfahrung, gerne auch in die vergangene Erfahrung und in die Kenntnisse & Fähigkeiten eingefügt werden.

## Dein Profil nach sekundären Keywords optimieren

Nicht alle Bereiche des Profils sind nach deinen primären Keywords optimierbar. Daher nutzt du zusätzlich sekundäre Keywords. Diese orientieren sich an deiner Tätigkeit aus der Sicht deiner Zielkunden und Zielkundinnen und somit am Ergebnis, das du für deine Zielkunden und Zielkundinnen bietest.

Hier kannst du deinen Slogan rein bringen – "mehr Kunden für Coaches und Experten" – und/oder Keywords wie "Stress reduzieren", "Erfolgs-Coaching",
"Achtsamkeit trainieren", "Mindset optimieren" usw.

Diese Keywords fügst du ein in der Zusammenfassung, in deinen aktuellen und vergangenen Erfahrungen und in deine Kenntnisse & Fähigkeiten.

Danach solltest du dir noch eine gute Überschrift für dein Profil erstellen. Denn diese ist das erste, was andere LinkedIn Nutzer sehen. Auch hier bringst du am besten deine Bezeichnung und das Ergebnis ein, das du bietest. Hier hast du 120 Zeichen, um deine Zielkunden und Zielkundinnen anzuziehen und sie dazu zu bringen, auf dein Profil zu klicken, um mehr über dich zu erfahren.

Hier einige Beispiele:

- Bestseller-Autorin und Life Coach für Frauen in der Lebenskrise zwischen 45 und 55
- Vertriebs-Expertin und externe Vertriebs-Macht für Unternehmerinnen – für dauerhaft mehr Kunden
- Marketing- und Business-Coach für mehr Kunden für Coaches und Experten
- Ich helfe Unternehmern und Führungskräften dabei, mehr Freiheit, Wohlstand und Erfolg zu genießen. Und das nach eigenen Regeln.
- Meine Mission ist es, Unternehmer/-innen die Kopfschmerzen zu nehmen, wenn sie an ihren Vertrieb denken und ihnen dauerhaft mehr Kunden zu bescheren.
- Master Certified Business Coach bekannt aus der Süddeutschen Zeitung / über 500 glückliche Kunden / Dozent an xyz
- Anti-Stress-Experte für ambitionierte Führungskräfte

Direkt unter dieser Überschrift steht die Zusammenfassung deines Profils. Diesen Teil sehen LinkedIn Nutzer/-innen als nächstes. Daher ist es auch hier wichtig, eine kundenzentrierte Zusammenfassung zu geben.

Die Zusammenfassung sollte keine Zusammenfassung deines Lebenslaufs sein und keine
Biografie, die sich einzig und allein um dich selbst dreht. Diese Zusammenfassung ist ein guter Ort, um klarzustellen, warum du tust was du tust und dich darüber von deinen Wettbewerbern und Wettbewerberinnen zu unterscheiden.

Schreibe diese Zusammenfassung in der ersten Person, also als du selbst und nicht in der dritten Person über dich. Auch auf LinkedIn gilt es 'sozial' und nahbar zu sein. Sprich deine Zielkunden und Zielkundinnen direkt an und zeige, dass sie am richtigen Ort sind, um Hilfe zu bekommen.

In die Zusammenfassung passen bis zu 2000 Zeichen. Wenn du kürzer bleibst, ist das super. Zu guter Letzt fügst du in den Kontaktinfos bis zu drei Websites ein. Am besten deine Homepage, aber vor allem auch die Landingpage mit deinem Lead Magneten und erstellst dir eine persönliche URL. Am besten mit deinem Vor- und Nachnamen und dem Zusatz 'Coach'.

## Schritt 2: Deine Zielkunden und Zielkundinnen finden

Wenn du dein Profil optimiert hast, geht es darum, dein Netzwerk auf LinkedIn zu erweitern und Kontakt aufzunehmen mit deinen Zielkunden und Zielkundinnen. Du kannst dir auf LinkedIn einen Suchauftrag einrichten und dir so von LinkedIn Zielkunden und Zielkundinnen vorschlagen lassen. Dazu nutzt du die Suchfunktion und speicherst diese Suche. Im kostenlosen Account kannst du bis zu 3 Suchaufträge speichern.

Dazu trägst du im Suchfeld die Berufsbezeichnung ein, z. B. Personalleiter/-in und klickst Enter. Dann klickst du auf 'Personen' und schränkst deine Suche weiter ein (bspw. nur in Deutschland, selbstständig) und erstellst eine Suchbenachrichtigung. Dann erhältst du regelmäßig Nachrichten von LinkedIn mit Vorschlägen zu Zielkunden und Zielkundinnen.

## Schritt 3: Kontakt aufnehmen

Wenn du deine Zielkunden und Zielkundinnen auf LinkedIn durch den Suchauftrag ausfindig gemacht hast, ist es wichtig Kontakt aufzunehmen. Allerdings fragst du nicht einfach nach einer Vernetzung, sondern schaust dir zuvor an, welche Gemeinsamkeiten du mit deinem möglichen neuen Kontakt hast, was er oder sie mit einem Gefällt mir markiert oder kommentiert hat. Du beschäftigst dich also mit jedem möglichen Kontakt individuell und formulierst somit auch eine individuelle Kontaktanfrage.

Neben Gemeinsamkeiten bieten sich hier der Bezug auf Beiträge, Glückwünsche zu neuen Positionen, Neuigkeiten des Unternehmens für das die Person arbeitet oder das Profil bzw. der Werdegang der Person an.

Sobald ein Kontakt die Anfrage angenommen hat, ist dein nächster Schritt in den Dialog zu treten, bspw. mit einer Willkommens- oder Dank-Nachricht. Das Ziel dieser Nachricht ist es, eine Verbindung aufzubauen, den Dialog zu starten und im Gegenzug erst mal gar nichts zu erwarten.

Ggf. kannst du einen ersten Blogbeitrag, den Link zu einem Content-Video oder Podcast von dir hinein packen. Wenn du selbst noch keine hast, kannst du auch Inhalte von anderen Experten und

Expertinnen einbringen. Zudem kommt es immer gut an, wenn du etwas Nettes sagst, etwas fragst und/oder anbietest behilflich zu sein.

Die nächste Nachricht, die du schreibst, dient dem Beziehungsaufbau.

Diese Nachricht sendest du idealerweise 5 bis 7 Tage nach der Willkommens-Nachricht. In dieser Nachricht geht es darum, deinem Kontakt weiter zu helfen, bspw. mit einem Artikel, einem Blogpost, einer Podcast- oder Videofolge. Die kann von dir kommen oder von jemand anderem.

Frag dich also, was für diesen Kontakt interessant und wichtig ist und mit welchen Herausforderungen er/sie wohl zu kämpfen hat.

Achtung: Bitte in dieser Nachricht nicht verkaufen. Es geht erst einmal darum, die Beziehung weiter zu vertiefen.

Im letzten Schritt ist es dann dein Ziel, ein persönliches Telefonat zu vereinbaren. Coaching-Pakete verkaufen wir vor allem im persönlichen Gespräch. Und gerade auf LinkedIn funktioniert verkaufen ebenfalls nur, wenn das persönliche Gespräch gesucht wird. Daher ist es an der Stelle wie immer wichtig, dass du keine Einzelstunden darüber verkaufst, sondern Pakete. In einem persönlichen Gespräch kannst du dann zunächst herausfinden, wo der genaue Schmerzpunkt deines Zielkunden oder deiner Zielkundin sitzt oder auch gleich ein Erstgespräch durchführen.

## Social Selling mit Content ergänzen

Das oben beschriebene Social Selling funktioniert auf LinkedIn umso besser, je sichtbarer und aktiver du auf LinkedIn wirst. Daher solltest du auch hier regelmäßig Content veröffentlichen (beispielsweise neue Blogbeiträge, Podcast-Folgen oder Video-Beiträge) oder auch interessante Artikel von anderen Experten/Expertinnen oder Medien. Zudem kannst du auch auf LinkedIn Status Updates verfassen und somit Einblicke in deinen Business-Alltag und deine Werte geben.

# Pinterest

Pinterest ist sowohl soziales Netzwerk als auch als visuelle Suchmaschine. Der Online Dienst ermöglicht es seinen Nutzern und Nutzerinnen, Interessen und Vorlieben durch das Sammeln von Bildern auf virtuellen Pinnwänden mit anderen zu teilen. In erster Linie wird Pinterest allerdings genutzt, um sich selbst inspirieren zu lassen und Ideen in Form von Bildern auf virtuellen Pinnwänden für sich zu sammeln. Pinterest bezeichnet sich selbst als "Maschine für visuelle Entdeckungen". Die meisten der gesammelten Bilder und Grafiken – sogenannte Pins – sind mit Webseiten verknüpft.

Pinterest ist also wie ein riesiges Fotobuch. Interessante Fotos werden dort von den Nutzern und Nutzerinnen auf virtuelle Pinnwände gepinnt (darum der Name – aus Pin und Interest). Das Besondere: Die Bilder auf Pinterest sind meist im Hochformat, was eine scharfe Abgrenzung zu Facebook (typischerweise Querformat) und Instagram (typischerweise quadratische Motive) darstellt. Auch wenn die beiden Zuckerberg-Netzwerke längst Unterstützung für hochformatige Fotos bieten, sind diese dennoch mehr oder weniger ausschließlich Pinterest-typisch und sowohl auf Facebook wie auch auf Instagram ein Fremdkörper. Pinterest dient vielen Nutzern und Nutzerinnen als Inspirationsquelle, als visuelle Planungshilfe für die Wohnungseinrichtung, den Garten oder den nächsten Urlaub und allgemein zum Entdecken schöner Dinge.

Lange galt daher die Weisheit, dass Pinterest vor allem für Unternehmen attraktiv ist, die Produkte anbieten, die sich eben plakativ auf Fotos darstellen lassen. Somit wurde die Plattform von Coaches und anderen Dienstleistern wenig beachtet. Wer jedoch guten Content zu bieten hat, für den ist auch Pinterest attraktiv. Vor allem deshalb, weil Pinterest ähnlich wie Google funktioniert, also denjenigen oder diejenige belohnt, der/die Content zu Themen erstellt, nach denen gesucht wird, und zusätzlich den Vorteil hat, dass sich dort vor allem Menschen tummeln, die eine Kaufabsicht haben.

Pinterest funktioniert dabei wie ein Buch mit vielen Kapiteln. Dein Gesamtprofil zeigt dein Gesamt-Business, die Pinnwände sind deine Kapitel oder Unterthemen und die Pins die einzelnen

Abschnitte. Mein Gesamtprofil heißt 'Sonja Kreye - Business-Mentorin für Coaches'. Pinnwände habe ich zu Unterthemen wie 'Kunden gewinnen', 'Coaching-Nische', Business-Tipps, 'Ziele erreichen', 'Online Marketing' und so weiter. In jeder Pinnwand befinden sich dann die Pins mit den Einzelthemen. Diese bestehen entweder aus einer Verlinkung auf einen Blogbeitrag oder eine Podcast-Folge oder aus einer Einladung auf eine Landingpage mit Anmeldemöglichkeit zu einem Lead Magneten.

Im Unterschied zu Instagram - die zweite große bildlastige Social Media Plattform - können Bilder auf Pinterest nach Themen sortiert werden, eben in den Pinnwänden. Somit erstellst du dort Themenblöcke, die für weitere Pinterest-Nutzer/-innen interessant sind, die darüber auf dich aufmerksam werden. Auch die auf Pinterest eingeforderte Einteilung aller Pins in Kategorien trägt dazu bei, dass deine Inhalte besser gefunden werden.

Es geht auf Pinterest - im Unterschied zu allen anderen Social-Media-Netzwerken - also weniger um die Selbstdarstellung als vielmehr um deine Inhalte.

Der wichtigste Vorteil ist jedoch, dass es Pinterest ermöglicht, klickbare Links unter einzelne Pins zu setzen und auch das Foto selbst klickbar macht. Somit sorgt Pinterest für Traffic auf deiner Webseite, während Instagram nur einen einzigen Link im Profil auf deine Webseite ermöglicht. Dazu musst du für deinen Pinterest Account die sogenannten Rich Pins aktivieren.

Dieser Vorteil wird noch größer, wenn jemand anderes deinen mit einem Link versehenen Pin in einem seiner eigenen Pinnwände teil. Damit wird gleichzeitig auch dein Link verbreitet. Dieser Link kann zwar theoretisch entfernt werden, praktisch macht das aber niemand und der Traffic auf deine Webseite steigt weiter.

Ebenfalls ein Vorteil von Pinterest ist, dass Google Pinterest-Accounts indiziert, also die zum Pinterest-Account zugehörige URL in den Google-Index aufnimmt. Das wirkt sich positiv auf deine Suchmaschinenoptimierung aus.

Offizielle Nutzerzahlen von Pinterest in Deutschland gibt es zwar nicht. Seit kurzem ist es jedoch möglich auch Anzeigen auf

Pinterest zu schalten. Dort gibt Pinterest eine Reichweite von über 9 Millionen monatlich aktiven Nutzern an (Stand November 2019).

Pinterest ist zudem für Coaches auch deshalb eine attraktive Plattform, weil es eben um Inhalte geht, was die Interaktionszeit, die es auf vielen anderen Plattformen benötigt, verkürzt. Zudem sind dort noch nicht so viele Coaches vertreten wie beispielsweise auf Facebook. Eine gute Gelegenheit also aus der Masse hervorzustechen.

## Instagram

Der Unterschied zwischen Instagram und Pinterest sind die Inhalte. Auf Instagram werden eigene Bilder geteilt, auf Pinterest werden dagegen Inhalte aus dem Netz kuratiert. Instagram ist somit eher eine Plattform für dein Branding und den Aufbau deines Expertenstatus. Pinterest ist mehr eine Traffic-Quelle.

Instagram macht vor allem für Coaches Sinn, die in den Nischen Achtsamkeit, Stress-Reduktion, Life-Coaching, Mütter-Coaching oder verwandten Nischen unterwegs sind. Um Instagram zum Erfolg zu machen, solltest du zudem prüfen, ob du die Plattform magst. Auf Instagram gehört die Selbstdarstellung dazu. Zudem solltest du über ausreichend Gelegenheiten zum Posten interessanter Fotos und somit auch über genügend Fotomotive verfügen, bzw. diese aufnehmen können.

Instagram ist perfekt dafür geeignet, eine persönliche und emotionale Beziehung zu deinen Zielkunden und Zielkundinnen aufzubauen. Ein Foto aus deinem Leben und deinem Business sagt manchmal mehr über dich aus als ein langer Blogartikel und ist noch dazu leichter zu konsumieren.

Instagram ist eins der am schnellsten wachsenden sozialen Netzwerke und verzeichnet aktuell 15 Millionen Nutzer/-innen in Deutschland, die sich jeden Monat einloggen. Dabei ist Intagram 'jünger' als Facebook. 26% der 14- bis 29-jährigen mit überdurchschnittlichem Einkommen tummeln sich hier (Quelle Allfacebook).

Instagram gehört dabei nicht nur zu Facebook, sondern erinnert auch an die Anfangszeiten von Facebook. Denn Instagram hat Suchtpotenzial und schürt Begeisterung.

Instagram-Nutzer sind besonders interaktionsfreudig. Dort ist die Interaktionsrate 58x höher als auf Facebook und der Ton meist wesentlich freundlicher. Menschen unter 25 Jahren verbringen durchschnittlich mehr als 32 Minuten am Tag auf Instagram (Quelle Allfacebook).

Dennoch solltest du Instagram auf gar keinen Fall genauso wie Facebook nutzen. Als Coach richtest du dir dein Profil mit deinem Namen und deinem Profilbild ein. Danach kannst du ein Unternehmenskonto einrichten, denn damit hast du

- den Kontakt-Button, worüber dich deine Follower direkt erreichen können (per URL, E-Mail oder Telefon)
- Statistiken zur Analyse deiner Follower, die dir zeigen, welche Inhalte gut bei deinen Fans ankommen, wie alt sie sind, wo sie wohnen, welches Geschlecht sie haben und ob sie deinen Wunschkunden entsprechen
- bezahlte Anzeigen mit Call-to-Action und Verlinkung zu einer externen Webseite (gern die Landingpage mit deinem Lead Magneten). Dabei zu beachten ist, dass du nur bereits gepostete Beiträge für deine Anzeige verwenden kannst. Für die Anzeigenschaltung kannst du auch den Facebook-Werbeanzeigenmanager nutzen.

## Erfolgsfaktoren auf Instagram

Am wichtigsten ist auf Instagram immer im Hinterkopf zu behalten, dass es eine visuelle Plattform ist. Du darfst deine Inhalte dort also so gut wie möglich visualisieren, um deine Werte, deine Persönlichkeit und deine Botschaft bildlich zu vermitteln. Instagram ist dabei am ehesten eine Ergänzung zu deinem weiteren Content im Blog, Podcast, Video oder deinen anderen Netzwerken.

Instagram-Nutzer/-innen sind - wenn es um Fotos geht - durchaus anspruchsvoll. Um deren Bedürfnisse zu befriedigen, kannst du die

Instagram-Filter nutzen. Es spricht dennoch nichts dagegen ab und zu auch mal völlig unbearbeitete Schnappschüsse zu verbreiten. Dennoch wirst du mehr Erfolg haben, je schöner die Bilder sind. Denn umso mehr Aufmerksamkeit bekommst du.

Das heißt im Umkehrschluss, dass du dort auf keinen Fall generisches Stock-Material teilen solltest, sondern schöne Motive von dir, den Orten an denen du mit deinem Business oder auch privat unterwegs bist. Ebenfalls funktionieren Tipps, Sprüche oder Zitate, wenn du sie auf einen schönen Hintergrund oder ein ansprechendes Foto packst.

Zudem kannst du auf Instagram Videos von bis zu einer Minute länge teilen. Wenn es also Tipps gibt, die du mit deiner Zielgruppe kurz und knackig teilen kannst, ist das ein guter Weg, auch wenn die Videos zunächst ohne Ton angezeigt werden. Eine weitere Möglichkeit sind ansprechende Erklärvideos, die eben auch ohne Ton oder mit Untertitel funktionieren.

Am meisten Reichweite erhältst du aktuell mit Instagram-Stories. Stories sind Videos, die sich automatisch nach 24 Stunden löschen. Die Stories werden - wenn du dich auf Instagram einloggst - ganz oben angezeigt, sind also besonders prominent zu sehen. Du kannst für eine Story verschiedene Bilder oder Videos zu einer Sequenz aneinanderreihen und mit Schrift oder Sticker versehen.

Stories sind eine gute Gelegenheit, um Webinare, Challenges oder Online-Konferenzen anzukündigen oder einen neuen Lead Magneten, eine neue Podcast-Folge, einen neuen Blogbeitrag oder ein Video zu promoten.

Anders als alle anderen Social Media Plattformen ist Instagram zudem sehr mobil. Denn nur als Handy-App ist die Plattform richtig nutzbar. Somit ist Instagram auch bei vielen Nutzern und Nutzerinnen immer dabei. Nutzer/-innen teilen hier Schnappschüsse aus dem eigenen Leben, Fotos von Reisen oder eben vom Mittagessen. Das solltest du als Coach und Unternehmer/-in berücksichtigen. Gib dich also auch auf Instagram vor allem persönlich und verbreite nur sekundär geschäftliches. Eine Aufteilung von 50:50 hat sich hier bewährt.

Die besten Instagram-Posts machen dabei nachdenklich, lösen Mitgefühl aus, inspirieren, motivieren oder regen zum Lachen an. Deine Zielsetzung auf Instagram ist es, bei deinen Fans und Followern den Wunsch auszulösen, genau so zu leben und zu sein, wie du. Das bietet sich - wie bereits gesagt - nicht für alle Coaching-Nischen an. Zudem sollte es dir liegen, als Vorbild voraus zu gehen.

Rein inhaltslastige Posts wie auf Facebook oder Pinterest funktionieren auf Instagram also nicht. Dennoch solltest du es nicht missen, die Bildbeschreibung unter deinen Fotos zu nutzen und dort Handlungsaufforderungen platzieren, die zur Interaktion aufrufen. In diese Bildbeschreibung gehören vor allem auch Hashtags. Auf Instagram sind diese so wichtig wie auf keinem anderen sozialen Medium. Die Hashtags sind der beste Weg, damit deine Posts gefunden werden.

Am besten legst du dir dazu eine Hashtag-Liste an, die du immer wieder nutzt und die deinen Keywords entsprechen, also den Worten, die deine Zielkunden und Zielkundinnen am ehesten suchen, wenn sie nach einer Lösung für ihre Herausforderung forschen. Bis zu 30 Hashtags kannst du unter einen Post packen.

Dass Instagram keine übermäßige Linkplatzierung erlaubt (dort kannst du nur einen Link in dein Profil packen), ist nicht nur ein Nachteil, sondern gleichzeitig ein Vorteil. Denn somit ist der Newsfeed in Instagram weitgehend ablenkungsfrei. Deine Follower blättern sich also durch dein virtuelles Fotoalbum, ohne von Links abgelenkt zu werden. Umso wichtiger ist es jedoch den einen Link, den du im Profil platzieren kannst, clever zu nutzen. Dazu erstellst du eine knackige Kurzbeschreibung mit maximal 150 Zeichen zu dir und deinem Coaching-Business und fügst dort dann den Link ein. Besser als ein Link zur generellen Webseite funktioniert der Link zu deiner 'Über-Mich-Seite' oder - noch besser - der Link zu deinem Lead Magneten. Wenn du eine besondere Aktion wie ein Webinar, eine Challenge oder eine Online-Konferenz veranstaltest, kannst du den Link selbstverständlich abändern.
Zudem gibt es Tools wie Linktree, die es dir ermöglichen, mehrere Links in einem zu posten. Die kostenfreie Version des Tools reicht dafür aus.

Interaktion erhältst du, wenn du deine Follower aktivierst. Bitte also aktiv um etwas, wenn du etwas haben willst, stell hin und wieder eine Frage, beziehe deine Follower in Entscheidungen mit ein, erwähne andere Instagrammer/-innen, um dich mit ihnen zu vernetzen und auch von ihnen erwähnt zu werden. Teile Einblicke hinter die Kulissen deines Business, zeig, was du machst, wer du bist und wie dein Leben aussieht. Zeig dich mit glücklichen Kunden und Kundinnen und teile Persönliches. Schau dir zudem an, welche Inhalte deine Wettbewerber/-innen oder Vorbilder posten. Finde heraus, welche Inhalte deine Zielgruppe am liebsten teilt.

Follower gewinnst du, wenn du tolle Inhalte teilst und andere Instagrammer/-innen mit einbeziehst. Außerdem solltest du natürlich die Welt wissen lassen, dass du auf Instagram bist. Es macht zudem Sinn, dein Instagram-Profil mit Facebook zu verbinden. So kannst du deine Instagram-Posts auch auf Facebook teilen, am besten auf deiner Facebook-Seite. Somit hast du dort ebenfalls persönlichen Content.

## Inhalte für die sozialen Medien

Status Updates oder auch ‚Posts' sind Brot und Butter in den sozialen Medien. Von Plattform zu Plattform sehen die Posts unterschiedlich aus, aber dahinter steckt immer die gleiche Idee.

Das Problem, das die meisten Coaches mit sozialen Netzen haben, ist dass sie niemals richtig loslegen oder mal ein oder zwei Posts absetzen, die dann aber in der lauten Welt der sozialen Medien einfach untergehen.

Der Blog auf deiner Website (egal ob darauf Text, Videos oder Podcast-Folgen zu finden sind) ist der Ort, an dem du deinen Online Content publizierst. Status Updates bzw. Posts sind dazu da, diesen Content in die Welt hinaus zu posaunen, um geteilt und geliked zu werden und somit deine Zielkunden und Zielkundinnen zu erreichen und dein Publikum zu erweitern und dir somit 'Reichweite' zu geben.

Status Updates ziehen vor allem Traffic auf deine Website. Wie das funktioniert siehst du auf einen Blick im Online-Marketing-Starterplan, den du dir hier kostenlos sichern kannst:
**www.coaching-business-mastery.de/starterplan**

Oder halte einfach die Foto-App deines Smartphones über den nachfolgenden QR-Code und du gelangst direkt zum Starterplan.

---

## Social Media Posts als Traffic-Quelle für deinen Blog und deine Website

Wenn du nun ein Status Update oder einen Post auf einen deiner Beiträge veröffentlichst, passiert Folgendes: Der Post wird bestensfalls geliked (also mit 'Gefällt mir' markiert, kommentiert und/oder geteilt und erreicht somit noch mehr Social Media Nutzer/-innen).

Mehr und mehr Wege führen damit direkt auf deine Website und deinen Blog, wo deine Zielkunden und Zielkundinnen sich für dein E-Mail Marketing registrieren und du sie künftig regelmäßig mit Informationen über deine Angebote versorgen kannst.

Damit deine Inhalte 'geliked' und geteilt werden, solltest du in einem Blog nur solche Inhalte publizieren, die deinen Zielkunden und Zielkundinnen einen Mehrwert liefern. Das reicht jedoch in den sozialen Medien noch nicht aus. Denn egal wie gut dein Blogpost ist, wenn das Status Update bzw. der Post keine Neugierde weckt, wird er auch nicht geliked und geteilt werden.

Vor allem das Teilen ist aber wichtig, um deine Zielgruppe zu erweitern und dein Publikum zu vergrößern. Daher geht es vor allem darum, aufmerksamkeitsstarke Status Updates zu verfassen. Solch brillante Status Updates veranlassen zum Teilen, was wiederum Traffic auf deine Website zieht und somit dein Publikum vergrößert.

Dennoch eine kleine Vorwarnung vorab: Gerade zum Start ist es schwierig, es zu schaffen, dass deine Posts geteilt werden. Es bedarf einiger Übung, dir Fans aufzubauen, die das für dich tun und deine Inhalte so interessant finden, dass es für sie selbstverständlich wird. Aber auch wenn deine Posts nicht von vorneherein geteilt werden, solltest du deshalb nicht darauf verzichten. Denn damit baust du deine eigene Community auf, auch wenn sie nicht sofort über das Teilen exponentiell wächst.

Status Updates mit Link zu deinem Blog sollten jedoch nicht die einzigen Inhalte sein, die du in den sozialen Medien publizierst.

Du solltest zudem

- hin und wieder auf die 'Mit mir arbeiten'-Unterseite deiner Webseite verlinken
- Ankündigungen vornehmen
- deine Zielkunden über Sonderaktionen informieren
- deine Werte verbreiten
- berichten, wenn du Vorträge gehalten oder eine neue Referenz erhalten hast
- und auch sonst all das kommunizieren, was tagtäglich in deinem Business passiert und was dich als Business-Inhaber/-in ausmacht.

Status Updates sind also hervorragende Werkzeuge, um Traffic auf deine Website zu ziehen, deine Zielgruppe zu erweitern und den so genannten ‚Kennen, Mögen, Vertrauen'-Faktor aufzubauen, der dir dann mehr Kunden und Kundinnen beschert.

Mit einem einzigen Post kannst du es schaffen, dass deine Zielkunden und Zielkundinnen dein Business lieben, deinen Link anklicken und dein Update teilen und somit noch mehr mögliche Kunden und Kundinnen erreichen.

Aus diesem Grund darfst du auch nicht auf all diejenigen hören, die dir erzählen wollen, dass soziale Medien reine Zeitverschwendung sind. Es kommt wirklich nur darauf an, wie du soziale Medien nutzt. Wichtig ist hier, dass du den für dich richtigen Kanal wählst, auf dem du deine Zielkunden und Zielkundinnen findest und dort aktiv bist, anstatt nur passiv zu konsumieren.

Es gibt keine anderen Marketing- oder Werbeplattformen, die es dir ermöglichen, mehr oder weniger kostenlos eine solch große Zielgruppe zu erreichen.

Die besten Status Updates sind diejenigen, bei denen sich deine Fans in dich und dein Business ‚verlieben'. Diejenigen, die deine Zielkunden und Zielkundinnen zudem auf deine Website schicken, wo sie mit dir interagieren, sich für deinen Lead Magneten, dein Webinar, deine Challenge oder deine Online-Konferenz eintragen oder gar gleich kaufen. Diejenigen,die zum Teilen animieren oder deinen Zielkunden und Zielkundinnen wertvolles Wissen liefern.

Im Coaching-Verkaufsprozess geht es immer um den ‚Kennen, Mögen, Vertrauen'-Faktor. Denn Menschen kaufen nur dann von dir, wenn sie dich kennen, dich mögen und dir vertrauen. Natürlich erfüllt nicht jedes Status Update all diese Ziele, aber wenn ein Update auch nur eines davon erfüllt, bist du auf dem richtigen Weg.

Allerdings geht es in den sozialen Medien nicht nur darum, was du sagen, sondern auch wie du es sagst. Deine Zielkunden und Zielkundinnen sind aus Spaß auf Facebook und Instagram, nicht um geschäftliche Bulletins oder Pressemeldungen zu lesen. Auf den beruflichen Netzwerken wie XING und LinkedIn darf es förmlicher zugehen, aber bitte poste auch hier nicht nur Angebote.

Du darfst also einen informellen Konversationsstil anschlagen und gerne auch witzig oder hintersinnig sein. In deiner gesamten Business-Korrespondenz sollten die Status Updates am wenigsten formell sein. Versuche, dich nicht wie ein Unternehmen anzuhören, sondern wie eine Person, die ein Unternehmen führt. Denn genau das bist du! Wenn du einen Post verfasst, lies ihn dir vorab vor. Hört er sich an wie etwas, das du am Telefon oder zu einem Freund sagen würdest? Wenn nicht, solltest du den Inhalt nochmals überdenken.

## “Klickenswerte” Posts

Um einen erfolgreichen Post zu verfassen, brauchst du vor allem eine aufmerksamkeitsstarke Überschrift. Tatsächlich ist es oft so, dass Posts nur auf Grund der Überschrift geliked und geteilt werden und der volle Text vorab gar nicht gelesen wurde.

Dein Ziel dabei muss immer sein, Neugierde zu wecken. Denn Neugierde veranlasst deine Zielkunden und Zielkundinnen zu klicken und verursacht somit den Traffic. Statistisch gesehen fühlen sich Menschen vor allem von inspirierenden und lustigen Posts angezogen. Auch wenn du jetzt denkst, dass ein witziger Artikel, ein lustiges Video oder ein inspirierendes Zitat nichts mit deinem Business zu tun hat, kann solcher Inhalt jedoch sehr oft geteilt werden. Der Trick dabei ist, es nicht zu häufig zu tun.

Wenn du immer nur Witziges teilen, verlieren gegebenenfalls diejenigen, die sich für dein Business interessieren die Lust. Und denjenigen, die deine Posts gut finden, ist dein Business eventuell egal. Mach solche Posts also zum Bestandteil deiner Content-Strategie, aber nicht zu oft.

Wenn du etwas Witziges teilst, sollte dein nächster Post immer auf deinen Blog linken. Somit hast du mit dem witzigen Beitrag deine Zielkundschaft erweitert und bist danach wieder bei deiner Botschaft. Diese Vorgehensweise ist zudem hilfreich, um Menschen, die nicht zu deiner Zielgruppe gehören, auszusortieren.

Lass bitte dennoch ab von der Überzeugung, dass jeder deiner Posts brillant sein muss. Nicht jedes Update, das du verfasst, muss das Rad neu erfinden oder bahnbrechende Informationen liefern. Smalltalk ist hier absolut ok.

Tatsächlich funktioniert Smalltalk oftmals am besten. Beispielsweise erhält eine Frage wie ‚in welcher Stadt lebst du’ zahlreiche Antworten, während eine Frage zur Religion doch lieber links liegen gelassen wird. Mach es nicht zu tiefgründig!

Sorge für eine gute Mischung. Ich sehe jede Menge Profile in den sozialen Medien, die einzig auf Beiträge auf einem Blog linken oder Pressemeldungen bewerben. Dort werden die sozialen Netzwerke nur dazu genutzt, auf den Blog zu verlinken. Das ist alles was dort passiert. Das ist langweilig! Deine Zielkunden wollen das nicht.

Viele Businesses posten in den sozialen Netzen entweder nur Geschäftliches oder gar nichts! Einem Profil, das nur über die Vorteile eines Business unterrichtet, will man aber nicht folgen. Gleichzeitig solltest du aber auch keine Angst haben, hier und da über deine Angebote zu informieren.

Einer der wichtigsten Ratschläge, wenn es um Social Media geht ist wohl: Sei nicht langweilig!

## Strategische Planung deiner Social Media Aktivitäten

Kein Unternehmer und keine Unternehmerin hat Zeit und Lust, sich jeden Tag mehrere Stunden in den sozialen Netzwerken zu tummeln. Selbst wenn du erst mit deinem Coaching-Business startest und noch nicht so viele Kunden oder Kundinnen hast, steckst du diese Zeit besser in den Aufbau deines Geschäfts. Dennoch sind die sozialen Netzwerke überaus wichtig, um mehr Traffic auf deine Website zu ziehen und neue Kunden/-innen und Interessenten/-innen zu generieren.

Um jedoch aus der Masse deiner Mitbewerber/-innen hervorzustechen, ist es nötig, mindestens einmal am Tag von dir hören zu lassen. Du musst einfach davon ausgehen, dass nicht jeder deiner Zielkunden/-innen jeden deiner Posts sieht. Zudem vergessen die Menschen schnell, so dass du dich immer wieder bei ihnen in Erinnerung rufen musst. Keine Angst: Das wird deinen Zielkunden und Zielkundinnen nicht zu viel! Vor allem nicht, wenn du Interessantes und Witziges von dir gibst. Ich empfehle, zweimal täglich Status Updates in ihren sozialen Profilen zu veröffentlichen!

Weil das natürlich eine ganze Menge ist, solltest du deine Aktivitäten in den sozialen Netzen strategisch planen, um sie nicht zu einem Zeitfresser zu machen.

Dazu hast du zwei Möglichkeiten

## Möglichkeit 1: Automatisierung

Wenn deine Zielkunden auf mehreren Plattformen vertreten sind und du sie also sowohl über Facebook, Instagram, Pinterest und LinkedIn erreichen kannst, empfehle ich dir, ein Automatisierungs-Tool zu nutzen. Mein Favorit ist MeetEdgar (einfach googeln), da dieses Tool die Posts automatisch speichert und recycelt. Sie werden also nach einem gewissen Zeitraum (den du selbst fest legst) erneut gepostet.

Viele fragen sich an der Stelle, ob es nicht auffällt, dass du Inhalte mehrfach postest. Das tut es manchmal. Dennoch ist niemand deswegen beleidigt oder glaubt, dass dir nichts mehr einfällt. Im Gegenteil: Deinen Zielkunden und Zielkundinnen wird klar, dass dir bestimmte Dinge besonders wichtig sind.

Automatisierung heißt dabei jedoch nicht, dass irgendein Roboter deine Posts schreibt und publiziert oder dass du deine Aktivitäten in den sozialen Medien an Zuarbeiter/-innen auf der ganzen Welt streust und Gefahr läufst, dass etwas gepostet wird, was du nicht autorisiert hast.

Tools zur Automatisierung von Social Media Aktivitäten erlauben es dir ganz einfach, deine Status Updates im Vorhinein zu schreiben und dann zu bestimmen, wann sie publiziert werden.

Der größte Vorteil der Automatisierungs-Tools ist dabei wohl, dass du die Posts dann wirklich auch absetzt, weil es ja das System für dich übernimmt. Wir haben alle eine ganze Menge andere Dinge zu tun, um unser Business voranzutreiben.

Das heißt auch, dass wir oftmals große Pläne für unser Marketing und die Nutzung der sozialen Medien haben, es aber einfach nicht gebacken kriegen. Wir vergessen unsere Pläne wieder oder haben einfach nicht die Zeit dazu.

Sich jedes Mal wieder einzuloggen und aufs Neue zu posten, kostet irgendwann einfach viel zu viel Kraft und Zeit. Vor allem, wenn du gleichzeitig viele Social Media Kanäle bespielst.

Mit der Automatisierung deiner Social Media Aktivitäten kannst du es dir jedoch zur Angewohnheit machen, deine Posts für ein Vierteljahr im Voraus zu planen. So bist du sicher, dass du regelmäßig mit deinen Zielkunden und Zielkundinnen in Kontakt bist und niemals vergisst, dich zu melden.

Auch wenn einige Social Media Experten der Sache kritisch gegenüber stehen und immer wieder predigen, dass es in den sozialen Medien um die unmittelbare und authentische Reaktion geht: Du hast nunmal noch andere Dinge in deinem Business zu tun, als den ganzen Tag in den sozialen Netzen zu verbringen!

Auch wenn du deine Posts automatisierst, kannst und darfst du natürlich immer noch individuell auf Kommentare reagieren oder zusätzliche Posts zu unvorhergesehen eingetretenen Ereignissen absetzen. Vor allem die Interaktion kannst und solltest du nicht automatisieren. Wenn jeder Kommentar auf einen deiner Posts die gleiche Antwort bekommt, ist schnell klar, dass wir wenig an der Interaktion mit deinen Zielkunden und Zielkundinnen liegt.

Du solltest also das Absetzen der Status Updates automatisieren, nicht die Inhalte oder das Antworten auf deine Posts.

## Möglichkeit 2: Fokus auf einen Kanal

Wenn deine Zielkunden und Zielkundinnen vor allem auf einer Social Media Plattform anzutreffen sind (beispielsweise vor allem auf LinkedIn, weil du mit Fach- und Führungskräften arbeitest), brauchst du kein Automatisierungs-Tool, sondern fokussierst dich auf diesen Kanal und nimmst dir dafür jeden Tag 30 bis 45 Minuten Zeit, um dort Inhalte zu veröffentlichen, zu interagieren und gegebenenfalls direkt mit deinen Zielkunden und Zielkundinnen in Kontakt zu treten.

Anstatt deine Botschaften also über viele Social Media Kanäle zu streuen, baust du dir nur auf einer einzigen Plattform eine Community auf. Durch den Fokus, den du auf diese Plattform legst, wirst du auch dort bald die Früchte deiner Arbeit ernten können.

Der Fokus auf einen einzigen Kanal macht jedoch nicht nur Sinn für dich, wenn deine Zielkunden und Zielkundinnen vor allem auf LinkedIn sind. Auch wenn du selbst eine bestimmte Social Media

Plattform ganz klar favorisierst und beispielsweise am liebsten auf Instagram bist, macht es Sinn, deine Vorliebe auszunutzen und dich darauf zu konzentrieren. Was wir lieben tun wir immer am besten.

---

## Content-Planung

Um die sozialen Medien erfolgreich für dich zu nutzen, erstellst du dir am besten einen Themenplan. Dazu empfiehlt es sich, deine Posts in unterschiedliche Kategorien einzuteilen.

Die Kategorien können sein:

- Blogposts (oder Podcast-Folgen oder Videos)
- Ankündigungen und Promotions
- Gedanken und Humor
- Inspirationen
- Fragen
- Inhalte Anderer/Empfehlungen
- sowie deine ganz individuelle Kategorie je nach deinem Geschmack

Blogposts: Jedes Mal, wenn du neue Inhalte auf deiner Website veröffentlichst, solltest du diese über die sozialen Medien bewerben. Probiere dabei unterschiedliche Überschriften aus und unterschiedliche Texte und wiederhole die Bewerbung mit anderer Überschrift und anderem Text nach einigen Wochen und gern immer wieder.

Ankündigungen und Promotions: Natürlich solltest du nicht nur Angebote posten, aber dennoch musst und darfst du in den sozialen Medien deine Angebote bewerben.

Gedanken und Humor: Hier geht es um deine innersten Gedanken und deine Weisheit. Beispielsweise ein paar schöne Zitate wie ‚PR ist Handwerk und kein Hexenwerk' oder ‚Der erste Schritt um zu bekommen, was Du willst, ist das aus Deinem Leben zu verbannen, was Du nicht willst'.

Diese Gedanken stehen für deine Persönlichkeit und für deine Philosophie. Im Business wie im normalen Leben. Das können auch Weisheiten über deine Coaching-Fähigkeiten, Ausbildungen und Zertifikate, deine Arbeitsweise oder deine Weltansicht sein. Solche Weisheiten - gerne auch mit Humor gespickt - werden gerne geteilt.

Wenn du Gedanken und Humor teilst, dann verpacke die Aussagen nett. Bspw. in einer Grafik, die du über Canva.com erstellen kannst. Das gleiche gilt für:

Inspiration: Wer liest nicht gerne ein inspirierendes Zitat? Das Internet ist voll davon. Wenn du sichergehen willst, dass mit deinen Post interagiert wird, dann suche nach solchen Zitaten. Am liebsten solche hinter denen du auch stehst.

Fragen: Fragen sind hilfreich, um Konversationen anzuregen. Darüber schaffst du es, eine Beziehung zu deinen Zielkunden aufzubauen und wieder den ‚Kennen-Mögen-Vertrauen- Faktor' aufzubauen. Wenn man Fragen stellt, bekommt man auch Antworten. Und darüber zudem oftmals wichtige Einsichten darin, wie dein Zielkunde denkt!

Inhalte anderer: Diese Kategorie kommt hier zwar zum Schluss, sollte aber nicht vernachlässigt werden. Verlinkungen auf Inhalte, die nicht von dir stammen, können sehr hilfreich sein. Egal ob Blogbeitrag, Video oder Artikel. Hier geht es darum, deinen Zielkunden und Zielkundinnen etwas zu liefern, was sie wertschätzen und teilen wollen.

Eigene Kategorien: Vielleicht hast du viele Referenzen und Aussagen deiner Kunden und Kundinnen zu deinem Coaching oder du informierst darüber, an was du gerade arbeitest (einem neuen Vortrag, einem Buch) oder mit wem du kooperierst.

# Kapitel 11 Sales Funnel

Wenn du dich bereits einige Zeit mit Online Marketing beschäftigst, ist dir sicherlich bereits das Wort 'Sales Funnel' über den Weg gelaufen. Klingt wie die geheime Zutat für den ganz großen Business-Erfolg. Im Grunde genommen ist der Sales Funnel jedoch nichts anderes als der Weg deiner Interessenten und Interessentinnen vom ersten Kontakt bis zur Zusammenarbeit.

Der beste Sales Funnel ist für dich derjenige, der deine Interessenten und Interessentinnen mit großer Wahrscheinlichkeit vom ersten Kontakt bis zum Vertragsabschluss führt. Es gibt unterschiedliche Möglichkeiten, diesen Weg zu gestalten und damit sicherzustellen, dass dein Interessent/deine Interessentin das nötige Vertrauen, die richtigen Infos und am Ende die Absicht hat, mit dir zu arbeiten.

Bewusst oder unbewusst hat jedes Unternehmen, jeder Unternehmer und jede Unternehmerin einen Sales Funnel im Einsatz. Du kannst dir einen Sales Funnel wie einen Trichter vorstellen. Oben packst du viele Interessenten und Interessentinnen rein und unten kommen dann im Idealfall perfekte Kunden und Kundinnen raus.

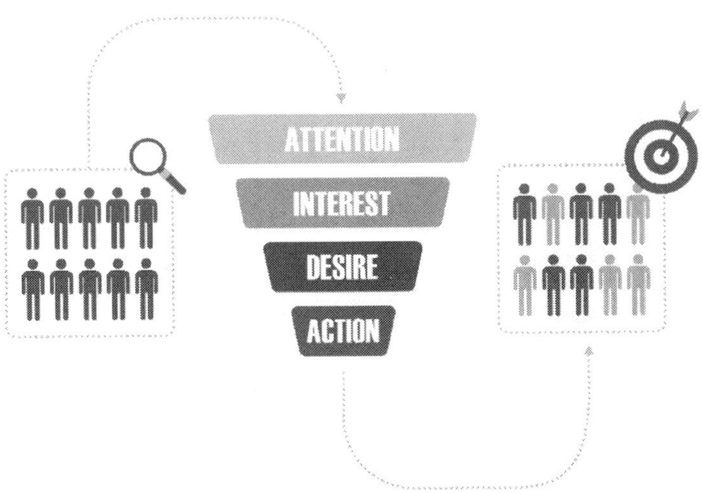

Es gibt weitere unterschiedliche Modelle, die die Reise deiner Kunden und Kundinnen zu dir beschreiben. Beispielsweise die Customer Journey, die zusätzlich zu den Schritten, die ein Interessent/eine Interessentin braucht, um bei dir zum/-r Kunden/-in zu werden, betrachtet, wie die Reise nach dem Kauf weiter geht.

Für dieses Buch konzentrieren wir uns jedoch vor allem auf den Sales Funnel. Er orientiert sich an der altbekannten AIDA Formel nach Elias St. Elmo Lewis, die es schon seit 1898 gibt. AIDA steht dabei für Attention, Interest, Desire und Action.

Für das Coaching-Business (und viele weitere Businesses) übersetzt heißt das: jemand mit einer aktuellen Herausforderung, die du lösen kannst, wird auf dich aufmerksam (attention), interessiert sich für diese Lösung (interest), in ihm wächst der Wunsch nach dieser Lösung (desire) und er/sie handelt und wird dein Kunde/deine Kundin (action).

Was du dafür tun kannst, um die Aktion am Ende zu erreichen ist:

- Du sorgst dafür, dass deine Zielkunden und Zielkundinnen auf dich aufmerksam werden (attention)
- Du sorgst dafür, dass sich deine Zielkunden und Zielkundinnen danach mehr mit deiner Lösung beschäftigen (interest)
- Du sorgst dafür, dass der Wunsch nach dieser Lösung geweckt wird, indem du den Nutzen, die Ergebnisse und Vorteile deines Angebots kommunizierst (desire)
- Du machst eine klare Handlungsaufforderung, damit es deine Zielkunden und Zielkundinnen leicht haben, zum Kunden oder zur Kundin zu werden, indem du ihn oder sie zum Erstgespräch einlädst (action).

# Die besten Sales Funnels für Coaches

Da Coaching eine erklärungsbedürftige Dienstleistung ist, die viel Vertrauensvorschuss braucht, sind Sales Funnels notwendig, die es ermöglichen, entweder mehrfach oder intensiv mit den Interessenten und Interessentinnen zu kommunizieren.

Im Grunde genommen besteht jeder Sales Funnel aus einem Lead Magneten und einem E-Mail-Autoresponder (Abfolge von E-Mails), der am Ende zum Erstgespräch einlädt:

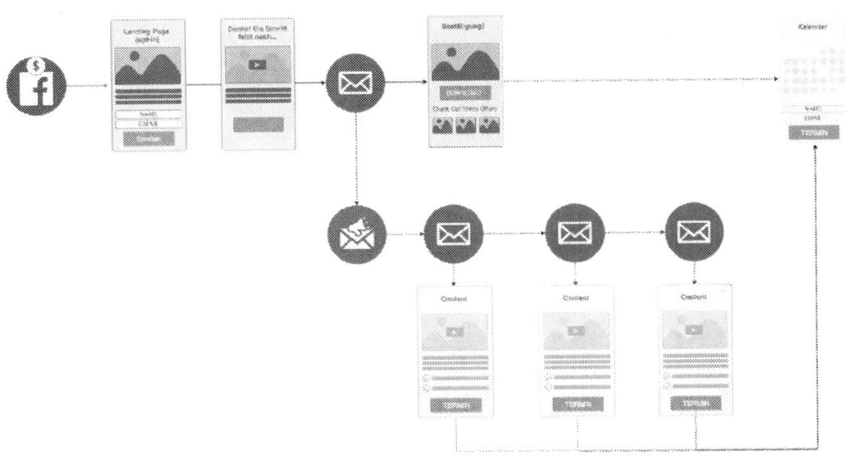

Der Lead Magnet ist dein Instrument, um die Aufmerksamkeit deiner Zielkunden und Zielkundinnen zu gewinnen. Daher sollte der Lead Magnet auch unbedingt den größten Schmerzpunkt deiner Zielkunden und Zielkundinnen ansprechen. Ideen dazu hast du bereits im Kapitel ‘E-Mail-Marketing’ erhalten.

Nach dem Lead Magneten folgt dann eine automatisierte E-Mail-Serie (ein so genannter Autoresponder), der das Vertrauen zu deinen Interessenten und Interessentinnen weiter aufbaut, zeigt, wer du bist, dass du Experte/Expertin bist, dass du bereits

Ergebnisse geliefert hast, bzw. deine Kunden und Kundinnen etwas Positives über dich sagen und am Ende das Angebot zum Erstgespräch macht. Beim Angebot zum Erstgespräch solltest du zudem auf eine gewisse Dringlichkeit achten und klarstellen, dass der beste Zeitpunkt dafür genau jetzt ist.

Die Unterschiede in den für dich geeigneten Sales Funnels ergeben sich im Grunde genommen nur aus der Art des Lead Magneten.

Anstatt einer Checkliste, eines E-Books oder eines Videos, könntest du als Lead Magnet ein Webinar anbieten. Schon hast du den nächsten naheliegenden, beliebten und effizienten Sales Funnel für Coaches. Wie Webinare funktionieren, hast du bereits erfahren. Der Funnel von der Anmeldung zum Webinar bis hin zum Erstgespräch sieht dabei so aus:

Webinar-Funnel

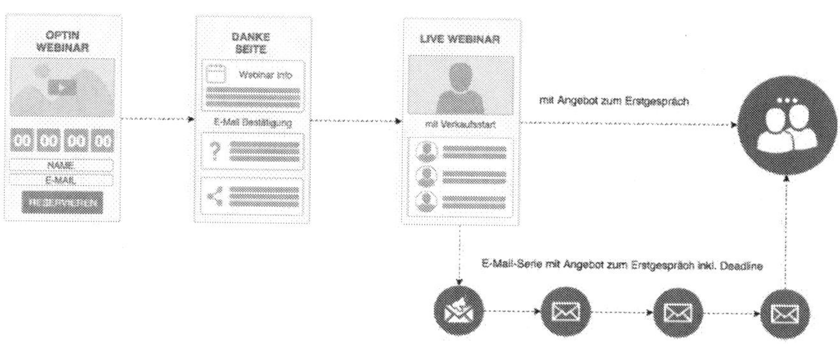


Auch der Webinar-Funnel lässt sich automatisieren, wobei ich in dem Fall dazu raten würde, das Webinar nicht mehr als 'Webinar', sondern als 'Training' zu bezeichnen, denn viele deiner Zielkunden und Zielkundinnen erwarten, dass ein Webinar live abläuft. Eine Täuschung wäre an der Stelle ein Vertrauensbruch oder macht den Vertrauensaufbau unnötig schwieriger.

Genau wie beim Lead Magneten ist auch beim Webinar der aussagekräftige und aufmerksamkeitsstarke Titel wichtig, um deine Interessenten und Interessentinnen dazu zu bewegen, sich die Zeit zu nehmen, dein Webinar zu besuchen.

Du kannst bereits im Webinar selbst zum Erstgespräch aufrufen. Ich rate dir auch hier dazu, die Anzahl der Erstgespräche zu begrenzen und eine Bewerbungsfrist zu setzen. Bis zu dieser Bewerbungsfrist solltest du dann in weiteren E-Mails (gern ebenfalls automatisiert) an diese Chance zum Erstgespräch erinnern. In diesen E-Mails 'verkaufst' du also dein Erstgespräch und machst es so attraktiv, dass möglichst viele Webinar-Teilnehmer/-innen diese Gelegenheit wahrnehmen.

Neben dem Webinar kann als Lead Magnet natürlich auch ein Video mit einem Showcase ein guter Einstieg in den Funnel sein oder ein automatisierter, mehrtägiger und kostenloser E-Mail Kurs. Der E-Mail Kurs hat dabei den Vorteil, dass er deine Zielkunden und Zielkundinnen bereits daran gewöhnt, E-Mails von dir zu erhalten.

## Funktionsweise der Funnel

Entsprechend der AIDA-Formel darf dein Lead Magnet für die Aufmerksamkeit sorgen (attention) und bereits erstes Interesse (interest) wecken. Deine nachfolgende E-Mail Serie sollte das Interesse vertiefen, den Wunsch nach deinem Coaching wecken (desire) und zur Handlung auffordern (action).

Es gibt noch zahlreiche weitere Möglichkeiten, effektive Funnels aufzubauen, die sich allerdings eher für den Verkauf von Infoprodukten, Online Trainings oder Online Kursen anbieten. Für dich als Coach ist dein Ziel zunächst, am Ende des Funnels eine Bewerbung für ein Erstgespräch zu erhalten. Daher sind die oben genannten Funnels die für dich wichtigsten.

# Kapitel 12 Technik und Tools (Automation)

Mein Coaching-Business wäre nicht so schnell gewachsen, wenn ich nicht von vorneherein auf möglichst viel Automation gesetzt hätte. Mit kleinem Kind (heute sind es sogar zwei) waren und sind meine zeitlichen Ressourcen für mein Business einfach begrenzt.

Heute weiß ich, dass ich mir durch die Automation ein Traum-Business aufgebaut habe. Denn es kann mühselig sein, neue Kunden und Kundinnen zu gewinnen. Gerade am Start des Coaching-Businesses. Da haben Coaches, die gerade gegründet haben, schnell das Gefühl, dass sie vor allem Marketing-Menschen sind, anstatt zu coachen.

Um Kunden online zu gewinnen und dein Business zudem weniger zeitintensiv zu machen, solltest du daher folgende Tools und Instrumente kennen und meistern (oder an Freelancer/innen oder virtuelle Assistenten/-innen auslagern):

---

## E-Mail-Marketing

Ein professionelles und leistungsfähiges E-Mail-Marketing-System ist der zentrale Erfolgsfaktor deiner Online-Kundengewinnung, das hast du im Kapitel über E-Mail-Marketing bereits gelernt. Doch auch nochmals hier: Per E-Mail baust du Vertrauen auf. Dein E-Mail-Verteiler gibt dir die Sicherheit, immer zu wissen, wo dein nächster Kunde oder deine nächste Kundin herkommt.

Zudem stellst du mit einem leistungsfähigen E-Mail-Marketing-System sicher, dass du automatisiert E-Mails absetzen kannst, was für die Auslieferung deines Lead Magneten und somit die Ausführung deines Sales Funnels wichtig ist.

Es gibt zahlreiche E-Mail Marketing Anbieter, die für den Start eine kostenlose Version anbieten. Von dieser rate ich dir jedoch ab, denn meist bedeutet eine kostenfreie Version, dass du bei jeder E-Mail, die du versendest Werbung für den Anbieter machst oder deinen Zielkunden und Zielkundinnen größere Hürden aufbürdest, sich für dein E-Mail Marketing anzumelden.

Der aktuell beste E-Mail Marketing Anbieter auf dem Markt ist **Klick-Tipp**. Anders als viele weitere Anbieter ist Klick-Tipp nicht listenbasiert, sondern tagbasiert. Du vermeidest damit, dass Kontakte, die in mehreren Listen sind (beispielsweise weil sie sich eine Checkliste bei dir heruntergeladen UND in einem Webinar teilgenommen haben), deine E-Mails mehrfach bekommen und kannst zudem besser nach Kontakten filtern, die bereits mehrere Aktionen bei dir gemacht haben (was im Umkehrschluss meist bedeutet, dass sie bereits ein erhöhtes Interesse an einer Zusammenarbeit mit dir haben).

Mit Klick-Tipp kannst du dein E-Mail-Marketing viel genauer auf deine Zielkunden und Zielkundinnen zuschneiden, besonders dann, wenn dein Angebotsportfolio größer wird.

Mit Klick-Tipp kannst du außerdem ganz hervorragende automatisierte Kampagnen erstellen und darüber deine Angebote verkaufen. Das ist eine unglaubliche Arbeitserleichterung und gibt dir sehr viel Flexibilität, um weiter an deinem Business zu arbeiten, anstatt darin.

Mehr zu Klick-Tipp und den Vorteilen erfährst du hier:
**https://coaching-business-mastery.de/klicktipp**

---

## Online-Kalender für Einbuchung von Erstgesprächen

Sobald du Aktionen startest, bei denen sich gleichzeitig mehrere deiner Interessenten und Interessentinnen für ein Erstgespräch bei dir bewerben, ist es sinnvoll, ein Online Terminvereinbarungstool zu nutzen. Somit läufst du nicht Gefahr, Termine doppelt zu vergeben oder mit vielen hin und her versendeten E-Mails viel Zeit zu verplempern, bis der Termin steht. Vielleicht muss er auch nochmals verlegt werden – auch das geht über ein solches Tool viel einfacher und schneller.

Zudem kommt es sehr professionell rüber, wenn du deinen Zielkunden und Zielkundinnen auf ihre Bewerbung hin den Link zu einem solchen Tool schickst. Ich erhalte darauf immer viele begeisterte Rückmeldungen. Das Tool meiner Wahl ist youcanbook.me.

Davon gibt es eine kostenlose Version, die für den Start völlig ausreicht. In der kostenlosen Variante ist es allerdings nur möglich, die aktuelle Woche anzuzeigen. Du kannst also nicht wirklich weit im Voraus planen. Das kannst du dann mit der ersten Bezahlversion für 10 US$ pro Monat machen.

Youcanbook.me (einfach googlen) ist ein US-amerikanisches Tool, das jedoch sehr einfach zu bedienen ist. Zudem kannst du jegliche E-Mails, die an den Erstgespräch-Bucher bzw. die Erstgespräch-Bucherin gehen (Terminbestätigung etc.) ganz einfach übersetzen.

## Landingpage-Builder

Für effiziente und konversion-starke Landingpages wie beispielsweise die Anmeldeseiten für deinen Lead Magneten, dein Webinar oder deine Online-Challenge, die professionelle Darstellung des Double-Opt-In-Prozesses und auch die Seiten für Video-Trainings oder die Durchführung deiner Online-Aktionen, brauchst du einen einfach zu bedienenden Landingpage-Builder. Nur mit professionellen und gut-konvertierenden Landingpages gelingt es dir, schnellstmöglich deinen E-Mail-Verteiler aufzubauen.

Für alle, die ihre Landingpages sofort, unmittelbar und außerhalb ihrer eigenen Webseite veröffentlichen können wollen oder ganz einfach nicht mit Wordpress arbeiten, empfehle ich **Leadpages**. Mit Leadpages erstellst du dir im Handumdrehen wunderschöne Landingpages. Es gibt zahlreiche Templates mit allen möglichen Features.

Im Unterschied zu anderen Anbietern, ermöglicht es Leadpages, die Landingpages auf einem eigenen Leadpages-Server zu veröffentlichen. Das kann Sinn machen, wenn du beispielsweise nicht mit Wordpress arbeitest und es für dein Content Management System keinen leistungsfähigen Landingpage-Builder gibt oder wenn du beispielsweise mit der Landingpage zunächst eine neue Nische ausprobieren willst und nicht möchtest, dass die Landingpage in deine Webseite integriert ist. Hier erfährst du mehr dazu: **https://coaching-business-mastery.de/leadpages**

Ebenfalls empfehlenswert ist das Wordpress-Plugin **'Thrive Architect'**. Es ist im Vergleich zu Leadpages günstiger, setzt aber voraus, dass deine Webseite mit Wordpress als Content Management System läuft. Hier mehr Infos dazu: **https://coaching-business-mastery.de/thrivearchitect**

---

## Social Media Automations-Tools

Die sozialen Medien sind hervorragend, um neue Leads, Follower und Interessenten/-innen zu gewinnen. Sie können aber auch zum richtigen Zeitfresser werden, denn um in den sozialen Medien erfolgreich zu sein, müssen Sie sich regelmäßig dort blicken lassen. Dabei heißt ‚regelmäßig' nicht einmal in der Woche, sondern eher täglich. Daher liebe ich es, das Absetzen von Posts auf Facebook, LinkedIn und Twitter (und gerne auch auf anderen Kanälen) zu automatisieren. Was nicht heißt, dass ich gar keine Zeit mehr in den sozialen Medien verbringe. Es ist nämlich sehr wichtig, die Interaktion immer noch persönlich zu machen. Aber das Absetzen der Posts darf gerne jemand anderes für mich übernehmen. Oder willst du jeden Morgen um 7.30 Uhr bereits posten?

Empfehlen kann ich dir für die Social Media Automation Tools wie MeetEdgar, Buffer, Hootsuite oder Recurpost. Ich selbst habe lange mit MeetEdgar und Buffer gearbeitet, heute postet meine virtuelle Assistentin, die dazu Hootsuite benutzt.

# Kapitel 13 Umsetzung

Wenn du dein Coaching Business zu dem Traum-Business machen willst, das es sein kann, mehr Kunden und Kundinnen gewinnen willst und dazu ins Online Marketing startest, stehst du vor einem entscheidenden Problem.

Selbst wenn du nur die Maßnahmen und Methoden aus diesem Buch anwendest, weil sie für Coaches funktionieren und von Coaches überprüft sind, ist es schwierig zu entscheiden, in welche Maßnahmen genau du deine Energie steckst, um mit minimalem Zeitaufwand dein Ziel zu erreichen. Maßnahmen, die genau zu dir passen und für die Kunden und Kundinnen sorgen, mit denen du wirklich arbeiten willst.

Hinzu kommt, dass du vor dem Start ins Online Marketing einige Voraussetzungen erfüllen solltest, um es für dich zum Erfolg zu machen.

Dazu gehört:

- Klar auf den Punkt zu bringen, was du bietest und für wen du der richtige Coach bist
- Genau zu wissen, wo bei deinen Zielkunden und Zielkundinnen der Schuh drückt
- Genau zu wissen, wo du deine perfekten Zielkunden und Zielkundinnen findest
- Unwiderstehliche Angebote im Portfolio zu haben, die nicht nur dir den gewünschten Erfolg, sondern auch deinen Kunden und Kundinnen die gewünschten Ergebnisse bringen
- und noch einiges mehr.

Immer wieder kommen nämlich Coaches auf mich zu, die ihr erstes Webinar oder ihren ersten Online-Kurs erstellen wollen, dann aber schnell merken, dass ihnen dazu noch entscheidendes Wissen über ihre Zielkunden und Zielkundinnen fehlt, sie zweifeln, was sie im Webinar genau weitergeben wollen und wie sie es ansprechend verpacken, wie sie den Einladungsprozess dazu gestalten und noch vieles mehr.

Genau das sind die Dinge, bei denen ich dir mit meinem Coaching Business Mastery Programm helfe. Im Coaching Business Mastery Programm zeige ich dir gemeinsam mit meinem Technik Partner Patrick Ott, wie du dir ein profitables Coaching-Business aufbaust, so dass du die Freiheit und Unabhängigkeit genießen kannst, die du dir mit deinem Business wünschst. Von Anfang an.

Wir klären deine Positionierung und Nische und stricken unwiderstehliche Angebote. Du erfährst wie du Erstgespräche führst mit einer hohen Erfolgsrate, wie du aus losen Kontakten (beispielsweise aus deiner früheren Karriere oder deiner Vistitenkarten-Datei) Erstgespräche gewinnst, was deine Website für dich tun muss und wie du dann Schritt für Schritt ins Online Marketing startest und online mehr Kunden und Kundinnen gewinnst.

Das Coaching Business Mastery Programm spart dir dadurch enorm viel Zeit, Geld und viele Nerven.

Was die bisherigen Teilnehmer und Teilnehmerinnen mit dem Programm erreicht haben, erfährst du **hier**: **https://coaching-business-mastery.de/testimonials**

Um herauszufinden, ob das Coaching Business Mastery Programm auch für dich das Richtige ist, lade ich dich zu einer kostenlosen Business Breakthrough Session mit mir oder meinem Team ein. Hier der Link: **https://coaching-business-mastery.de/session**

In dieser Session

- erarbeiten wir deine kristallklare Vision für deinen ultimativen Business-Erfolg und deinen idealen Lifestyle und legen deine Ziele fest
- decken wir deine versteckten Herausforderungen auf, die dich davon abhalten, dein Business online wachsen zu lassen und
- geben deiner Motivation einen gehörigen Schub, um dein Business bekannter zu machen und online (und offline) kontinuierlich neue Kunden zu gewinnen und
- klären wir, ob und wie mein Team und ich dir mit dem Coaching-Business-Mastery Programm dabei helfen können.

Melde dich am besten gleich zu dieser kostenlosen Session, denn die besten Ergebnisse erzielen immer diejenigen, die schnell handeln. Schließlich liegt der Unterschied zwischen Erfolg und Misserfolg in den meisten Fällen im Tun - und nicht im Denken. Die wöchentlich verfügbaren Slots sind stark begrenzt, daher handle schnell und mach dich auf den Weg zu deinem profitablen Traumbusiness.

Hier geht's zum Terminkalender: **https://coaching-business-mastery.de/session**

Einfach wieder die Foto-App deines Smartphones über den QR-Code halten und du gelangst direkt zum Terminkalender.

# Linkliste

Nachfolgend findest du die im Buch empfohlenen Links und Ressourcen:

Online Marketing Starterplan zum Download: www.coaching-business-mastery.de/starterplan

**E-Mail Marketing und Landingpages**

Klick-Tipp – für mich aktuell das beste deutschsprachige System. Schau dir dieses Webinar an für alle wichtigen Infos und ein Super-Sonderangebot: https://coaching-business-mastery.de/klicktipp

Thrive Architect – Landingpage-Plug-In für Wordpress zu einem sehr fairen Preis: **https://coaching-business-mastery.de/thrivearchitect**

Leadpages – Landingpage Builder für alle, die nicht auf Wordpress arbeiten oder ihre Landingpages abseits der eigenen Website veröffentlichen wollen: **https://coaching-business-mastery.de/leadpages**

**Podcasten und Videos**

Podcast-Kurs vom Digitalen Nomaden Podcast für 1 Euro im ersten Monat: **www.coaching-business-mastery.de/podcastkurs**

Mikrofone und Softboxen für Videos und Podcasts: **https://business-celebrity.com/tools**

Simple Podcast-Press: Plug-In, das deinen Podcast mit der Veröffentlichung bei iTunes und/oder Libsyn automatisch als Beitrag auf deine Homepage stellt und die Folgen als Podcast-Player dort auch abspielbar macht. Inklusive Lead-Generierungs-Möglichkeit. Sehr zu empfehlen. **https://coaching-business-mastery.de/simplepodcastpress**

**Webinare**

Zoom.us – meiner Meinung nach das aktuell beste Tool zum besten Preis-Leistungsverhältnis **http://bit.ly/35XkAHy**

**Social Media Automation**

Buffer-App: **https://buffer.com/**

Meet-Edgar: **https://meetedgar.com/**

Hootsuite: **https://hootsuite.com/de/**

Recurpost: **https://recurpost.com/**

**Empfohlene Dienstleister:**

Website- und Landingpage-Erstellung:
Patrick Ott **https://www.fitbiz-media.de/kontakt/**

PR und Texten:
Marike Frick: **https://www.wasjournalistenwollen.de/**

Facebook-Marketing:
Katrin Hill: **https://www.katrinhill.com/**
Katrins's Facebook Marketing Club: **https://coaching-business-mastery.de/facebookmarketingclub**

# Über die Autorin

Sonja Kreye ist Business-Mentorin und zeigt Coaches, wie sie ein profitables Coaching-Business aufbauen. Eines, das sie nicht nur persönlich, sondern auch finanziell erfüllt. Über 400 Coaches hat sie bereits dabei geholfen, mehr Bekanntheit und vor allem mehr Kunden zu gewinnen. Darunter sind einige der heute bestbezahlten Coaches in Deutschland.

Auf die grandiosen Möglichkeiten des Online und Social Media Marketing kam sie, als sie sich nach 14 Jahren im internationalen Motorsport-Business und in der Formel 1 dazu entschloss, gemeinsam mit ihrem Mann eine Familie zu gründen. Ihr war klar, dass sie mit Kind nicht mehr jedes zweite Wochenende im Flieger sitzen wollte. Ihr war aber auch klar, dass sie sich nicht damit zufrieden geben würde, als Mutter mit weniger Zeit auch weniger zu verdienen.

Auf der Suche danach, wie sie ihre Stärken wie Kundengewinnung, PR und Online Marketing weitergeben konnte, ohne das Haus verlassen zu müssen, stieß sie auf das Coaching-Business und wusste sofort, dass es das war, was sie machen wollte.

Durch Online Marketing und die sozialen Medien schaffte sie es, nach drei Jahren wieder ein sechsstelliges Business zu haben. Trotz oder gerade wegen der Tatsache, dass sie nicht Vollzeit daran arbeiten konnte.

Wenige Monate nach dem Neustart ihres Business wurde Bestseller-Autor, Top-Speaker und Coach Hermann Scherer auf sie aufmerksam, der sie heute als ‘die Frau, die ihm das Online-Business zeigte’ betitelt. In der Hermann-Scherer-Akademie ist sie immer wieder als Referentin mit dabei.

Sonja Kreyes Coaching Business Mastery Podcast ist regelmäßig in den Top 50 der Podcast-Charts in der Rubrik Marketing & Management. Über sie und ihre Marketing Methoden wurde bereits in Magazinen wie Impulse, Emotion, Donna, Zeit Online und EditionF berichtet. 2020 erscheint ein weiteres Buch von Sonja

Kreye im Beltz-Verlag mit dem Titel 'Handbuch profitables Coaching-Business'.

Sonja Kreyes Mission ist es, Coaches wie dir dabei zu helfen, Coaching vom 'Nice-to-have' zum 'Must-Have' zu machen. Raus aus dem Image, dass ein Coaching notwendig ist, ‚wenn was mit jemandem nicht stimmt', hin zur Akzeptanz, dass ich mit Coaching mein Ziel leichter und einfacher erreichen.

Wichtig ist ihr das, weil sie am eigenen Leib erfahren hat, was Coaching bewirkt. Coaching war das einzige, was ihr aus ihrer Lebens-, Karriere- und Sinnkrise nach dem ersten Kind heraus half. Wenig später stürzte sie in eine deftige Ehekrise, die sich am Ende – dank eines Coaches – zum Guten wendete. Und auch eine erste Business-Krise, die sie fast zum Aufgeben brachte, überwand sie nur durch die Unterstützung eines Coaches, der ihr dabei half, mehr auf sich selbst zu hören und anstatt das zu machen, was alle auf dem Markt machen, einen anderen Weg zu gehen.

Coaching muss nicht die brotlose Kunst sein, als die sie in vielen Medien-Artikeln renommierter Publikationen verkauft wird. Coaching ist mehr als ein Trend. Coaching ist eine Bewegung mit dem Ziel, die Welt vieler Menschen ein kleines bisschen besser zu machen.

# Jetzt profitieren von der kostenlosen Business Breakthrough-Session

Wenn du wissen willst, wie ich dir gemeinsam mit meinem Technik-Partner Patrick Ott im Coaching Business Mastery Programm helfe, ein profitables Coaching Business aufzubauen, lade ich dich ein zu einer kostenlosen Business Breakthrough Session.

In dieser Session

- erarbeiten wir deine kristallklare Vision für deinen ultimativen Business-Erfolg und deinen idealen Lifestyle und legen deine Ziele fest,
- decken wir deine versteckten Herausforderungen auf, die dich davon abhalten, dein Business online wachsen zu lassen,

- geben wir deiner Motivation einen gehörigen Schub, um dein Business bekannter zu machen und online (und offline) kontinuierlich neue Kunden zu gewinnen und
- klären wir, ob und wie mein Team und ich dir mit dem Coaching-Business-Mastery Programm dabei helfen können.

Melde dich am besten gleich zu dieser kostenlosen Session an, bevor es in der Hektik des Alltags untergeht. **https://coaching-business-mastery.de/session**

Einfach den Link in deinen Web-Browser eingeben oder alternativ die Foto-App deines Smartphones über den nachfolgenden QR-Code halten und du gelangst direkt zum Starterplan.

# Danksagung

Mein Dank gilt meinem Ehemann Matthias, der immer an mich geglaubt hat, auch wenn die Zeiten hart waren und der Erfolg noch lange nicht absehbar. Der Feminist ist, auch wenn er sich selbst nicht so bezeichnen würde und der es als einziger Mann auf diesem Planeten geschafft hat, in mir den Wunsch nach Hochzeit, Kindern und einem Zuhause zu wecken. Diese Erfahrung ist unbezahlbar.

Meinen Söhnen Anton und Henri danke ich, dass sie mir gezeigt haben, wie schön das Leben mit Kindern ist. Niemand macht schönere Liebeserklärungen als diese beiden. Nie wäre ich auf die Idee gekommen, dass man als Mama ganz automatisch die schönste Frau und die beste Mama der Welt ist. Als wichtigen Nebeneffekt hat Anton mich dazu gebracht, über mein Business-Modell nachzudenken und Henri meine Liebe zur Automation noch verstärkt.

Meinen Eltern danke ich, dass sie mir nie das Gefühl gegeben haben, dass ich etwas nicht schaffen oder nicht erreichen könne. Zudem bin ich unendlich dankbar, dass ich mich immer auf sie verlassen kann und meine beiden Jungs bei ihnen in den besten Händen sind.

Dorette Segschneider ist mein persönlicher Lieblings-Coach. Aus ihrer Teilnahme in meinem ersten Online-Trainings-Programm 'Business Celebrity' entwickelte sich zunächst die Kooperation mit der International Coach Federation, dann eine Mastermind-Gruppe und schließlich eine Partnerschaft und Freundschaft. Danken möchte ich ihr nicht nur für die Zusammenarbeit in unserem gemeinsamen High Price Coaching Programm für Coaches, die Vorstände, Unternehmer und Top-Führungskräfte coachen wollen, sondern vor allem auch für ihr persönliches Coaching, das nicht zuletzt dabei half, die Ehe mit meinem Traummann zu retten.

Meinen Kunden danke ich für ihr Vertrauen und die Einblicke, die sie mir täglich in ihr Business geben. Ohne diese Einblicke könnte ich keine erfolgreichen Angebote erstellen und keine zielführenden

Online-Kurse auf den Markt bringen. Danke, dass ihr mir täglich dabei helft, besser zu werden.

Hermann Scherer danke ich für die Chance, Referentin in seiner Speaker-Akademie und seinem Gold-Programm zu sein und das Verfassen des Vorworts in meinem ‘Mini-Handbuch: Profitables Coaching-Business’, das im März 2020 im Beltz-Verlag erscheint. Hermann ist nicht nur unglaublich unterhaltsam und versiert, er ist auch mehr als großzügig. Danke für deine Unterstützung.

Meinem Technik-Partner Patrick Ott danke ich für sein unermüdliches Engagement, seine Flexibilität und sein ungebändigtes Wissen zu SEO, Landingpages und Websites, das - gepaart mit einem außergewöhnlichen Sinn für Design - zu einem unglaublich professionellen Auftritt geführt hat. Mit ihm werde sogar ich zu einem halbwegs akzeptablen Team-Player.

Meiner virtuellen Assistentin Jessica Buch danke ich für ihre Kreativität und ihre Zuverlässigkeit. Es ist so schön zu wissen, dass ich mich auf dich verlassen kann.

Zudem danke ich Marike Frick, Katrin Hill, Martina Fuchs, Marit Alke, Timo Eckhardt und Sascha Boampong vom Digitalen Nomaden Podcast, Sebastian Weber, Jan Döring und Silke Krüger für die unterschiedlichsten Kooperationen, die immer sehr viel Spaß gemacht haben.

## Viel Erfolg!

# Copyright © 2019

Sonja Kreye
Betentalstr. 55, 69469 Weinheim
www.business-celebrity.com www.coaching-business-mastery.de
E-Mail: mentor@businesscelebrity.de
Tel: +49 171 1773108


Auflage 1, Autor: Sonja Kreye

Printed in Poland
by Amazon Fulfillment
Poland Sp. z o.o., Wrocław

52739456R00078